문예신서
15

탄 트 라
우주의 본질과 자아의 합일

아지트 무케르지/松長有慶

金龜山 옮김

東文選

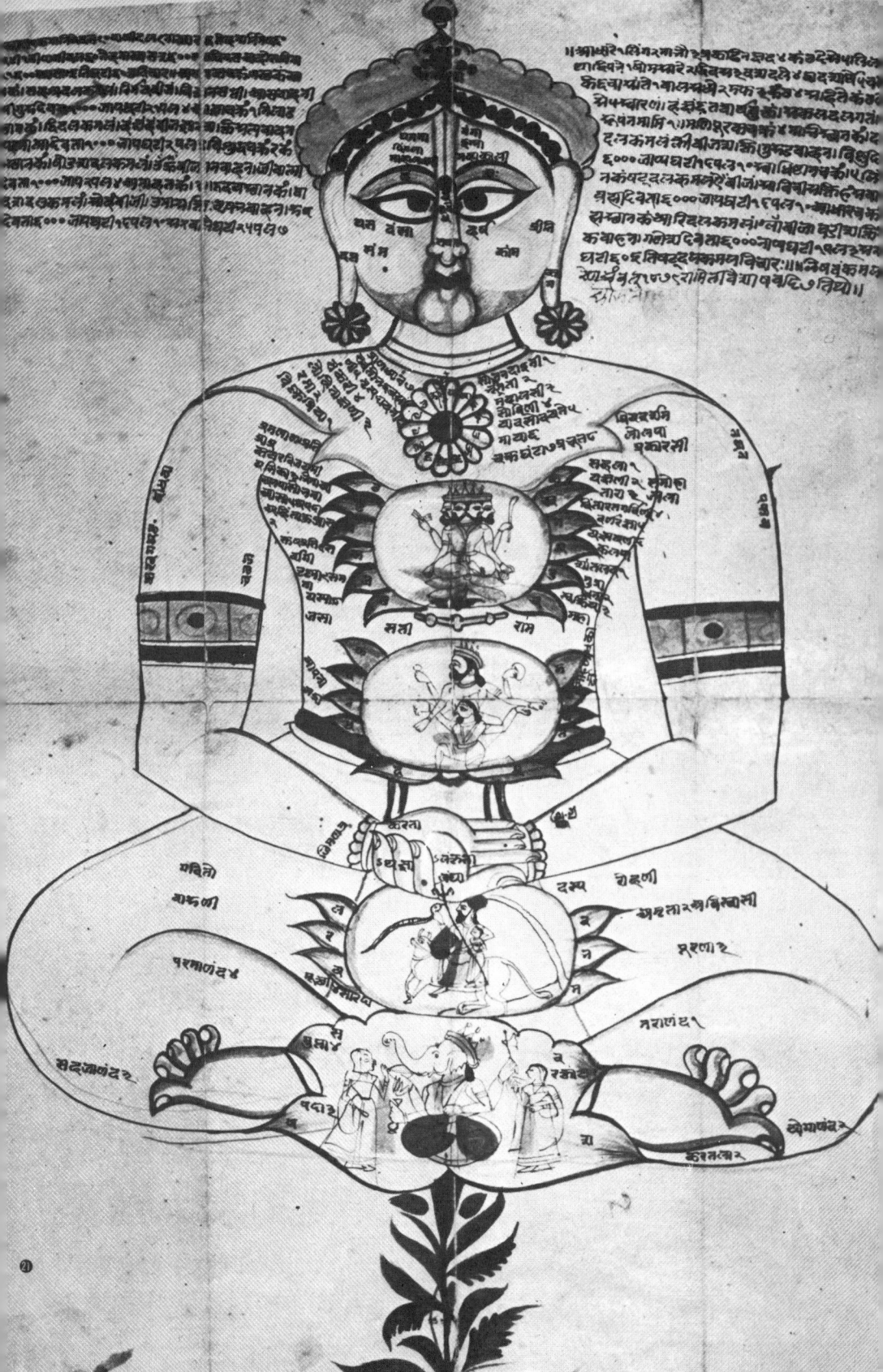

현대는 과도기이고 위기의 시대라고도 말할 수 있다. 많은 사람들, 특히 젊은 세대는 물질적·정신적인 인생의 모든 면에서 당혹해하며 방황하고 있다. 사회의 중추를 이루는 이들 젊은 세대는 인생이나 일상생활에서 부딪히는 위험에 좌절하고 심하게 억눌려서 절망적인 혼란상태에 빠져 있다. 그리고 우리들은 역사의 기로에 서 있으며 미래의 주인공을 위하여 무엇을 해야 좋을지 모르고 있다.

게다가 우리들은 자신이 무엇을 생각하고 어떻게 행동할까, 라는 주어진 세계에 얽매여 이제부터 어떻게 되는가 하는 의문을 가질 겨를이 없다. 이것이 현대문명의 비극적인 일면이다. 우리들이 본질적으로 어떠한 사람이 될 것인가, 라는 의문을 품는 것은 곧 우리들의 판단능력을 키울 수 있는 정신적인 요구 감각을 개발시키고, 시야를 넓혀주며, 사고의 폭을 신장시켜준다. 문화적으로 가치있는 일을 할 수 있다는 것은 우리들이 본질적인 존재자로서, 진실로 인간다운 인간으로서 마땅히 노력한다는 정신적인 의식에 눈뜨게 됨을 의미한다.

탄트라에 따르면 우리들이 인간으로서 삶을 영위하고 있는 현실세계는, 그와같은 세계를 실현시키고 있는 것이 아무리 생각해도 우리들이 아니라는 점에서 그래도 현실인 것이다. 그것은 항상 우리들 앞에 주어진 것으로 드러나 있다. 개개의 인간 그 자체가 탄트라 행법에서는 가장 중요한 문제가 된다. 인류의 역사나 인간의 잠재력이나 활동, 각 방면에서의 인간의 이상과 가치는 전술한 탄트라 행법 가운데에 충분히 설명되어 있다. 탄트라에서 말하는 〈시바 샥티〉 즉 순수의식의 사고방법 가운데에는 자연과 초자연 혹은 정신과 그 잠재성의 관련성, 자연 속의 가치와 초자연 속의 초월적 정신이 엿보이는 것이다.

현대 인류의 상황은 탄트라에서 〈군달리니 샥티〉로 알려져 있는 잠재의식을 우리들 전체 속에서 물질적·정신적으로 생동감 있는 생활 속으로 이끌어낼 필요가 점차 증대되어가고 있는 것이 아닐까 한다.

아지트 무케르지

―역자서문―

    탄트라는 8세기 이후 인도에서 밀교密教경전을 지칭하게 되면서부터 일반에게 알려졌는데, 그것은 진리의 천명이나 철학적 교리서教理書라기 보다는 깨달음을 향한 수행방식이고 세계에 대한 일종의 태도이다. 탄트라는 주관과 객체라든가 정신과 육체 혹은 창조주와 피조물 등의 이분법二分法에 기초를 둔 서구적西歐的 사고와는 달리 전체와 부분 또는 물과 물결의 관계처럼 불가분리不可分離의 양면성을 하나의 실상實相으로 통일하여 우주의 본질과 자아가 합일슴―되려는 방식이다.
    인도인의 우주관에 의하면, 절대자로서의 브라만은 자체 안에 남성적 요소와 여성적 요소의 양면성을 가지고 끊임없는 변화 속에서 창조와 파괴의 순환을 거듭하는 것으로 이해된다. 실상과 현상 즉 근원적인 진리로서 무시간성의 존재와 현실로서의 변화는 각각 남성적 요소와 여성적 요소로 상징되어 창조와 분열을 반복한다는 것이다. 그러므로 탄트라는 우주의 본질과 합일을 이루어 우주 본래의 지복至福으로 초월하려는 방식이다.
    인간세계에서 변화와 괴로움은 일반적인 정세이다. 그러나 동시에 인간을 포함하여 현상계에 존재하는 것은 무엇이나 절대적인 우주의 질서를 반영하는 소우주小宇宙로서 인식되기 때문에 그 본질에 있어서는 브라만과 동일하다고 하겠다. 인간 내면에서도 마찬가지로 창조와 파괴의 리듬이 작용하고 있다고 보아진다. 그러므로 탄트라는 대상을 분석하고 관찰하면서 진리를 추구해가는 것이 아니라 자아의 내면에서 진리를 깨달으려는 태도이다.
    인간의 언어와 생각과 행동은 절대적 진리가 자신을 드러내는 용기容器이고 진리와 합일을 이룩하는 비밀의 통로가 된다. 그러므로 입으로는 진리의 음성으로서 진언 mantra을 염송하고, 명상해야 할 형상으로서 만다라 mandala나 얀트라 yantra(圖像)를 마음에 새기며, 신체의 움직임으로서 坐法좌법, 호흡, 인계印契(mudra) 등을 종교의례로 삼아 수행하는 것이다.

    탄트라는 인간을 중심으로, 인간의 시각에 의해서 사물을 판단하지 않는다. 자연의 무릇 사상事象은 절대진리의 자기전개이며 운동이기 때문에 오로지 법法(Dharma)에 입각하여 인연因緣의 고리로서 파악한다. 그러므로 인간이나 신神이나 짐승이나 식물이나 모두가 같은 지평에서 연결되며, 우주의 리듬에 따라 변화하고 있는 것이다. 여기에서는 생멸生滅조차도 밀물과 썰물의 운동에 불과한 것이다.

    탄트라는 오로지 합리적인 사유만을 구하는 이성理性에 기초를 두기보다는 생명이 직감적으로 수용하는 감각에 기초를 둔다. 인간이 사물을 개념화하여 판단하고 관념적으로 인식할 때 이미 대상은 그 참모습을 감추어버리게 된다. 그러므로 탄트라는 진리에 대한 인식이 아니라 진리를 체험하고 진리와 하나가 되어 떨리는 것이다.

    탄트라에서는 모든 자연적 본능의 충족을 긍정하고 있다. 왜냐하면 고행이나 금욕을 통하여 자연을 억제하거나, 육체를 약화시키고 정신적인 긴장과 갈등을 야기시키는 일은 생명의 건강한 성숙을 방해한다고 생각한다. 그러므로 오히려 자연의 저급한 충동으로부터 고상한 충동으로 향상되도록 수련할 것을 주장한다. 모든 자연의 충동은 본질적으로 동일한 신성神性으로부터 솟아오르는 진화進化의 창조적 에너지라고 파악하기 때문이다.

    탄트라는 대별하면 힌두 탄트라와 불교 탄트라로 나누어진다.

    힌두 탄트라에 의하면 절대자로서 신神은 원형적인 남성원리로서 시바siva와 변화를 나타내는 여성원리로서 샥티śakti라는 불가분의 양면성을 가지고 있다. 시바는 순수한 존재이며 무시간적無時間的 완전으로서

로고스Logos인 반면에 샤티는 시간적 변화의 세력이고 창조의 에너지이며, 자기실현의 기쁨과 사랑을 나타내는 에로스Eros이다. 그러므로 샤티는 영원한 완전성完全性과 부단한 시간의 진화를 중재하는 세력인 동시에 한편으로는 유한자有限者 속에서 무한성無限性을 드러내보이고 반대로 무한성 가운데서 유한자의 자기충만을 실현케 하는 매개이기도 하다.

이 세계는 에너지의 표상表象으로서 끊임없는 지속의 과정이며 영원한 흐름으로 파악되는데 이것은 이 우주의 창조적 에너지인 샤티로부터 솟아나온다는 것이다. 그러므로 샤티는 모든 개체인간의 근원에 깃들어 있는 정신 및 육체적 힘의 구심점求心點이 된다. **따라서 탄트라 수행자가 지향하는 궁극적 목표는 내재하는 샤티를 통해서 무시간의 시바와 결합하는 일이다.** 이것은 남성적〈存在〉와 여성적〈變化〉의 신비스러운 결혼 Mahamaithuna으로 표현된다. 이러한 결합은 경전 가운데서 성적性的 결합으로 상징되어 있을 뿐만 아니라 실제로 섹스sex는 수행의 중심이 되기도 했다.

불교 탄트라에 있어서도 탄트라 기저에 흐르는〈절대자 속에서 이원성二元性의 합일〉이라는 점에서는 다를 바 없지만 다만 반야般若를 무시간적 절대성의 여성원리로 보고 자비로서의 방편方便을 상대적인 세계의 활동으로서 남성원리로 보고 있는 것이다.

불교 탄트라의 수행은 금욕주의적인 불교의 전통과는 달리 법-Dharma의 실상으로서 드러나 있는 현상계現像界(因緣세계) 및 육신에 대하여 매우 긍정적이며 성력性力 샤티는 성불成佛의 중요한 매개로 작용한다. 그러므로 전통적인 불교에서 삼업三業이라 하여 엄격히 규율되어 있는 신身・구口・의意도 오히려 성불에 이르는 비밀이 담겨있다 하여 삼밀三蜜이라 불리우며, 깨달음에 이르는 수행의 중심이 되고 있다. 즉 의밀意蜜은 만다라의 시현示顯으로 표시되고, 구밀口蜜은 만트라[眞

言]라는 진동음에 나타나 있으며 신밀身蜜은 후기 탄트라에서 마이투나 [性交]라는 양성의 결합의례結合儀禮로 표현되어 있는 것을 알 수 있다.

특히 탄트라의 결합의례는 기독교 문화권이나 유교 문화권에 의하여 영향을 받고 있는 사람들을 당황하게 하고, 도덕적 논란과 많은 오해를 불러일으켜왔던 국면이기도 하다. 그러나 탄트라에서 취급하는 性(sex)은 일반적으로 서구인이나 유교 문화권에 살고 있는 사람들이 죄악시하는 병적病的 관념과는 달리 그것은 우주의 에너지인 생명력의 근원으로 합일하는 신성한 종교의례였던 것이다.

불교 탄트라는 대승불교에 도입되어 독특한 밀교철학을 발전시켜왔으며 마침내 대승불교에 속하면서도 새롭게 진언승眞言乘 혹은 금강승金剛乘이라 불리우는 밀교의 독립을 이룩하였다.

따라서 밀교는 티벳을 중심으로 하여 몽고 및 중앙아시아에 전파되고 그 영향은 한국불교에도 파급되어 그 흔적을 짙게 남기고 있다. 한국불교의 만다라며, 티벳문자로 표시된 〈옴마니팜매훔〉등의 진언이며, 연꽃 모양의 단청이며, 금강저金剛杵 등의 불교용구 등이 이를 말해주고 있다. 그러나 결합의례 등의 성적性的 수행요소는 한국의 유교적 배경과 충돌하여 수용되지 못하고 추상적인 상징형식으로 변형되어 있는 것을 볼 수 있다. 특히 13세기 몽고 침입으로 불교 탄트라의 특색이 농후하게 밀려들었음은 분명한 역사적 사실일 뿐만 아니라 다분히 밀교적 요소가 짙은 한국불교의 본질을 규명하는 데에 있어서도 탄트라의 연구와 조명은 그 의의가 매우 클 것이라 생각된다.

본서의 저자인 아지트 무케르지 씨는 1915년 동東인도의 뱅골 지방 출생으로 캘커타대학 대학원에서 고대 인도사 및 미술사를 전공하고 현재 영국왕립 인류학회회원으로 있다. 인도 및 구미의 여러 대학에서 강의해왔으며 오랫동안 뉴델리 국립공예미술관장을 역임했다. 현재에도 강연에 많은 초청을 받고 있으며 저술활동으로 바쁘게 지내는 것으로 알려져 있다. 주저로는《요가미술》이 있으며 그밖에도 탄트라 및 인도미술 등에 관한 저서가 다수 있다.

　본서의 술어들이 대부분 전문용어로 되어 있기 때문에 우리나라 독자들의 이해를 돕기 위하여 노력하였으나 저자 무케르지 씨 및 유케이 교수의 의도가 손상되지는 않았는지 조심스럽다. 탄트라에 관한 본격적인 학술적 연구가 전무하다시피 한 한국에서 처음으로 東文選 출판사의 주선으로 연구서적이 역서로나마 출판되는 것은 그 공로가 높이 평가되어야 할 것이다. 아무쪼록 본서가 탄트라 및 밀교분야에 관심을 가진 분들의 연구에 일조가 되기를 희망한다.
　본서 공저자인 마쓰나가 유케이[松長有慶] 씨는 1929년 출생으로 동북대학 대학원에서 인도학을 전공하고 문학박사 학위를 수여받은 학자이며 승려이기도 하다. 현재 고야산高野山대학의 교수로 재직중이며 동시에 고야산 보타락원補陀落院의 주지직도 겸하고 있다. 주저로서는《만다라》《蜜教의 歷史》《蜜教의 知惠》외에도 다수의 저서가 있다.

金　亀　山

탄트라

목 차

序
탄트라의 여명
- 불확실성의 시대
- 오컬트 이후
- 우주 중심의 시점

15

제1부 ● 아지트 무케르지

1 인도문화의 배경
- 인더스문명으로 거슬러 올라가다
- 시바신 신앙과 샥티 신앙
- 우주의 신비를 둘러싼 의문점
- 아잔타 석굴이 간직한 생명찬가
- 코나라크·카쥬라호의 남녀상
- 현대문화와의 이화수정異花受精을 향하여

21

2 탄트라란 무엇인가
- 지식을 넓힌다는 것
- 탄트라에는 저자가 없다
- 인도적인 전통의 모태
- 우주를 생성시킨 단음절 진언 〈옴OM〉
- 남성과 여성으로 이루어진 세계
- 교합 요가와 처녀 숭배에 대한 오해

51

3 세계를 어떻게 보는가
- 64종의 탄트라
- 〈아가마〉와 〈니가마〉
- 〈반야般若〉와 〈방편方便〉
- 인체와 천체와의 관계
- 우주의 사물은 순환한다
- 진동의 리듬

65

7 우주의 신비를 벗긴다
- 요가도 탄트라 예술의 일종이다
- 추상예술을 넘어선 세계
- 우주와 인생을 연결하는 고리
- 탄트라 예술을 이해하려면
- 탄트라 도형을 이해하려면
- 탄트라 예술은 직업이 아니다
- 탁술로 묶여져 있는 예술과 의례

161

제2부 ● 松長有慶

8 탄트라의 특질
- 탄트라는 씨실, 수트라는 날실
- 이해하는 것이 아니라 실행하는 것이다
- 단순한 금욕이나 절제는 무의미하다
- 일상생활의 모든 만물을 둘러싼 발상
- 대중의 기저에 가로놓인 난제를 전달한다

175

9 불교탄트라
- 불교와 힌두교의 흐르는 공통점 힌두교에
- 제불·보살·명왕·제천은 인도신의 변형
- 불교 4종의 탄트라
- 일본의 밀교

185

10 불교만다라
- 금강계 만다라와 태장 만다라
- 부처와 보살과 명왕의 구성
- 대일여래를 중심으로 한 4불이 기본
- 불교 만다라가 많이 남아있는 티벳
- 분노상에 많은 남녀교합상

195

4 얀트라와 만다라 曼茶羅

인간과 우주가 만나는 장소
모든 사물은 진동이다
붕괴와 생성의 상징 〈만다라〉
점苦에서 삼각형으로
남성과 여성의 삼각형
링가와 요니
여성 신비의 재발견
우주의 에너지 〈쿤달리니〉

83

5 신체의 일곱 가지 정신센터

에테르 상태의 〈인간〉
해류도와 흡사한 회로
잠자는 뱀
척추 기저에서 젖꼭지로
내면으로의 여행 〈쿤달리니 요가〉
차크라의 꽃잎의 의미

129

6 섹스와 요가

섹스의 충동으로 진리의 문을 열다
〈교합 요가〉 정신의 계발
여성은 여성원리 〈삭티〉의 화신이다
다섯 가지 〈M〉의 의식이란
〈하타 요가〉와 〈인印〉 〈속박束縛〉 〈좌법坐法〉
〈조식調息〉이 제어하는 섹스에너지

145

11 요가 행법

요가란 〈말에 고삐를 씌우다〉라는 의미
불교의 〈선정禪定〉은 탄트라의 명상요가
제어요가와 활용요가
왕의 요가, 실천요가, 지혜의 요가
신앙요가, 쿤달리니요가, 진언요가

225

12 탄트라와 섹스

외설인가 부도덕인가
농경의례에서 생겨난 링가—요니 숭배
우주와 인간의 융합으로서의 섹스
반야와 방편의 합일
교합요가는 면도날 위를 걷는 것보다 더 어렵다

237

13 감상할 수 없는 탄트라 미술

예술을 위한 예술이 아니다
화가나 조각가의 개성이 스며들 여지가 없다
서양미술에서는 볼 수 없는 전체감각
작품의 세계를 살리는 다른 감상은 의미가 없다

251

참고문헌 261
역자서문 6
저자서문 5

序 — 탄트라의 여명

불확실성의 시대라는 말이 1970년대 후반에 일본에서도 폭발적으로 유행하는 경향을 보였다. 이것은 원래 갈브레이드 교수가 처음으로 제창하였던 경제학 용어이었던 것 같다. 이 말은 앞이 안 보일 정도로 캄캄하다는 것과 같은 의미로 이해되어, 오일쇼크로 우왕좌왕하고 있었던 당시의 경제계뿐만 아니라 일반 지식인들 사이에서도 어느 정도 실감있게 받아들여지는 유행어가 되었다.

기술혁신에 따른 기계문명의 고도성장 노선에 의하여 장미빛 미래사회를 꿈꾸고 있었던 사람들이 앞길에 검은 구름이 드리우기 시작하는 징조를 깨달은 것은 이미 60년대 후반기였다고 할 수 있다.

부모와 자식간의 단절이라든가 무관심의 증대 등의 심리적인 문제, 또는 공해 같은 사회문제가 신문지상을 떠들썩하게 장식하기 시작하였던 것도 이 무렵의 일들이었다. 사람들은 예전과 마찬가지로 성실하게 자신의 일정한 생활의 궤도를 따라 앞으로 달린다 하여도 미래의 전망이 보이지 않고 절망적임을 깨닫게 되었다.

그 결과 미래사회에 대한 불안과 초조가 사람들 사이에 점차 증대되어 가고 있었다. 인도의 갠지즈 강가나 히말라야 산중의 티벳 불교사원 같은 곳에서도 파란 눈의 히피족들이 참선하는 모습을 자주 볼 수 있게 되었다. 〈병든 현대문명〉이라는 표현이 저널리즘을 뒤흔드는 조류가 그 무렵 10여 년 사이에 완전히 정착되어버렸다고 말할 수 있다. 한편 근대문명의 기반을 이루고 있던 〈이성〉 그 자체가 의심스러워지게 되었고 이는 결과적으로 신비주의의 유행을 재촉하는 실마리가 되었다. 신비주의가 세계적으로 일시적인 현상에 지나지 않는다고 해도 종래 인간이 절대적으로 신뢰해왔던 〈이성〉이 서서히 무너지기 시작하고 그것과 교체될 만한 근대문명의 핵이 등장하지 않은 상태에서 불확실성시대의 불안감만이 현대사회를 무겁게 짓누르게 되었다.

탄트라라는 말이 사람들의 입에 오르내리게 되고 탄트라의 발상이 세계적으로 주목을 받게 된 것은 제2차 세계대전 이후의 일이었다. 국제적으로 전쟁 전까지 서구 여러 나라가 유지해왔던 우위優位가 무너지고, 아시아·아프리카 등과 같은 후진국이 차차 독립하였으며, 베트남 전쟁이 어렵게 되어가자 종래까지 추구해왔던 힘에 의한 지배에 한계가 보이기 시작하였는데 이것은 1950년부터 1960년대에 걸쳐 일어난 변화였다.

탄트라에 관한 연구는 이미 1백여 년 전부터 유럽의 학자들 사이에서 시작되었다. 그러나 본격적으로 일반인의 관심을 끌기 시작한 것은 고작해야 10여 년 전의 일이다. 60년대 후반경부터 구미 및 인도에서는 탄트라라는 이름을 붙인 서적들이 서점의 진열장을 장식하기 시작하였고 그 가운데는 베스트셀러가 된 것도 많았다.

유럽이나 미국에서의 이러한 〈탄트리즘〉의 유행이 동양에서는 거의 영향을 미치지 않고 있었다. 그러나 세계적으로 신비주의 붐을 일으킨 유리 겔라의 스푼 굽히기나 《엑소시스트》와 같은 괴기영화가 상영되었던 70년대 말부터 탄트리즘에 대한 관심이 점차 높아지게 되었다. 구미의 탄트리즘에 비교한다면 약 10년이 경과한 후에 일본에서 그 영향이 나타나기 시작하였던 것이다. 현대인이 탄트라 또는 탄트리즘에 대해 관심을 보이기 시작한 것은 탄트라의 세계관이 현대사회의 세계관과 완전히 반대 입장에 서있기 때문이다.

근대문명의 근저에는 〈자아〉의 확립이라는 공통된 목표가 가로놓여 있다. 근대문명은 자연이라든가 생물 또는 무생물 등 이들 전체를 포함한 자신 이외의 것과 자신과를 분리하여 양자를 구별하는 것에서부터 출발하였다고 해도 좋을 것이다. 거기서 우리들은 세계를 주체와 객체로 양분하고 자신과 타인과의 사이에 엄격하고 높은 울타리를 만들어, 상호간에 간섭하지 않는 것을 원칙으로 삼고 있다. 근대의 과학문명이 발전하는 데

원동력이 되었던 것도 자신과 대상을 확실히 구분하고, 존재하는 모든 것을 분석적으로 파악하는 사고방식이었다. 그러나 탄트라는 이와는 반대로 자신과 대상은 본질상 똑같은 것이며 이는 또 절대자와도 같다고 설명하고 있다. 자신과 신과 자신의 눈앞에 있는 새나 짐승, 이들 사이에 확실한 선을 긋는 서양의 사고방식에서라면 탄트라에서 말하는 세계관은 생겨나지 않았을 것이다.

한편 상대적인 존재인 자신과 타인과 절대적인 존재인 진리가 근원적으로 같다는 사고방식은 동양사상의 밑바탕에 거의 공통적으로 깔려있다. 고대 인도인이 세계의 근본 원리인 브라만(梵＝至高)과 자아의 원리인 아트만(我)이 본래 같은 것이라는 것을 범아일여梵我一如라고 말하였던 것도 같은 원리에서 나온 것이다.

불교에서도 다르마(法)라는 한 마디 속에 현실 세계와 진리의 세계라는 상반되는 두 가지 의미를 포함시켜 사용하고 있다. 혹은 현실의 미혹迷惑된 세계가 그대로 깨달음의 세계라는 것을 〈번뇌즉보리煩惱即菩提〉라든가 〈생사즉열반生死即涅槃〉이라고 말하고 있는 것도 현실의 세계와 진리의 세계가 같은 것의 표리表裏에 지나지 않은 관계를 구체적으로 표현하고 있는 것이다. 그것은 인도사상에서만 그러한 것은 아니다. 중국이나 일본에서도 자연 또는 신이 본래 인간과 똑같다고 보는 것이 일반적인 생각이었고 이것이 곧 동양인의 세계관의 특색이라 해도 좋을 것이다. 중국의 시, 일본의 단가短歌 또는 하이꾸俳句 등에 인간과 자연의 일체관이 나타나 있는 것이 많은 까닭도 이와같은 연유에서 비롯된 것이다. 동양인은 자연을 정복하고 그것을 인간을 위해 이용하기보다는 자연 안에서 신을 발견하고, 자연으로 돌아가고 자연과 더불어 살아가는 방법을 훨씬 옛날부터 터득하고 있었다. 이러한 사고방식은 서양인이 신을 세계의 창조자라고 여기며 인간과의 사이에 뚜렷한 선을 그어왔던 것과는 근본적으로 다르다.

 탄트리즘은 자기 자신을 어떻게 파악할 것인가 하는 것에 관하여 서양적인 관점으로부터의 코페르니쿠스적 전환이 필요함을 우리들에게 이야기하고 있다. 우리들은 자신을 중심으로 세계를 보는 습관이 몸에 배어 있으나, 이러한 고정적인 관념을 버리는 것이 탄트라의 목적이라고 해도 좋을 것이다. 이는 결국 자기 중심의 시점으로부터 우주 중심의 시점으로의 180도 전환이다. 보는 것에서 보여지는 것으로 좌표축을 역전시킨다는 것은 자기를 중심으로 전개해왔던 서양의 근대문명을 근본으로부터 부정하는 것을 의미하고 있다. 자신을 중심으로 세계가 전개되고 있다고 생각하는 존재는 하찮은 자아自我이지만, 이 사소한 자아에 대한 집착을 도착倒錯이라고 간주하고 그것을 철저히 깨부순다는 것, 이것이 실로 탄트라가 주장하고 있는 요지라고 할 수 있다. 자신에 대한 집착을 부정함으로써 우주적인 관점으로부터 자신을 바라볼 수 있는 안목이 열린다. 그것은 대우주와 동질인 자신을 발견하는 일이고, 자아의 내부에 잠재되어 있는 보편적인 우주의식을 개발하는 일이기도 하다. 근대문명은 극단적인 자기주장 위에서 발전되어왔으며, 그 그늘에 가려 잠자고 있던 우주적인 규모의 자아를 의식의 심층으로부터 일깨워서 본원적인 모습으로 되돌아가게 하는 것이 탄트라가 지향하는 바이다.

 자신의 욕망을 충족시키기 위하여 태연스럽게 타인을 살해하거나, 국가의 이익만을 좇아서 끊임없이 전쟁을 일으키는 현실세계를 가假의 세계로 보고, 자신과 타인이 혼연일체가 되어 주체와 객체의 구분이 없는 본원적인 세계로 되돌아가는 것을 대승불교에서는 깨달음의 길이라고 설파하고 있다. 결국 종교적인 회심回心, 즉 전환conversion인 것이다. 대승불교에 있어서의 이러한 회심의 배경에는 번뇌즉보리煩惱卽菩提, 생사즉열반生死卽涅槃이라는 사상이 깔려있으나, 탄트리즘에서 회심이란 현실세계의 존재인 자신 속에서 보편적인 우주의식을 발견하는 것을 말한다.

대승불교는 일반적으로 현실세계(즉 세속제世俗諦)를 허망虛妄하고 공空이라고 부정하며 진리의 세계(즉 승의제勝義諦)에 궁극적인 가치가 있다고 인정하고 있다. 반면 탄트리즘에서는 현실세계는 확실히 공空이지만, 그곳에 절대적인 진리가 나타나 있다고 보고, 현실세계에 절대적인 가치를 부여하고 있다. 이 세상에 있는 것 이외에 진리는 없다고 하는〈현상즉실재現象卽實在〉사상을 근본에 깔고 있기는 하지만, 탄트리즘이 현실면에 더욱 중점을 두고 있는 점에 있어서는 다소 차이점을 발견할 수 있을 것이다.

이러한 관점에서 본다면 탄트라의 사고방식은 얼핏 보기에 현대사회에서 상식적으로 통용되는 세계관이라든가 사회의 질서와는 정반대라는 것을 알 수 있다. 그러한 이유만으로도 탄트라에는 병든 현대사회를 소생시킬 수 있는 새로운 활력이 숨겨져 있음에 틀림없다고 믿고, 그것을 기대하는 현대인 사이에 인기가 있는 것도 사실이다. 그것이 탄트라가 서구사회에서 유행하고 있는 가장 큰 이유라고도 생각되지만, 일본에서는 탄트라에 관하여 의외로 일반인에게 알려져 있지 않았다. 과연 탄트라의 사고방식이 일본에서도 20세기 후반의 신神 부재不在의 시대로 전환되는 데에 어떤 계기를 마련하는 구세주가 될 것인지는 알 수 없다. 본론에서는 지금까지 알려져 있지 않았던 탄트라의 모습을 중점적으로 조명해 보고자 한다.

松長有慶

제1부 • 아지트 무케르지

1 인도문화의 배경

지금으로부터 약 5000여 년 전 인더스강을 중심으로 한 협곡에 하라파와 모헨조다로 등 고도로 발달된 문명이 번성하였는데 그 유적을 발굴한 결과 이 인더스 협곡 문명이 기원전 3000년경의 인도 최고最古의 문명이라는 역사적인 증거가 밝혀졌다.

이외에도 지금까지 인도 각지에서 농경지대와 신석기시대 문화의 유적이 발굴되고 있는데, 실은 이 하라파문명이 발굴됨으로써 샥티신앙과 시바신앙이 고대 인도인의 신앙의 토대가 되고 있었던 것이 밝혀졌던 것이다. 원주민들이었던 이들 비非아리아 민족에게 시바와 샥티 두 신은 비교적 인기가 있는 숭배대상이었는데 그 시바신앙과 샥티신앙이 지금부터 서술하고자 하는 탄트라 신앙의 두 가지 면이다.

하라파 문명으로 알려져 있는 이 인더스 협곡 문명에는 이러한 신앙의 주신主神이 테라코타로 남겨져 있다. 그것도 그 숭배의 중심이 여성상(여

신상女神像)인 것을 보면 인도에서는 샥티숭배(여신신앙)가 아주 오래된 지모신地母神으로부터 시작되어, 시바신앙과도 밀접하게 관련되어 있다는 것을 알 수 있다. 이 시바신앙과 샥티신앙 속에서는 이미 탄트라 행법이 여러 가지 형태로 행하여지고 있었다. 그것은 이들 비非아리아 민족인 고대 인도인이 신앙하고 있었던 많은 여신상이나, 요가 자세로 앉아있는 시바신으로 보여지는 신神의 인장印章이 이 유적에서 수없이 발견되는 것에서도 증명되고 있다.

예를들면 모헨조다로에서 발견된 요가 행자의 자세를 취한 파슈파티나드의 좌상에는 신인동형론적神人同形論的으로 표현된 것도 있는데 그들은 아마 후에 일반적으로 믿게 된 강력한 시바신의 전단계의 형태이고, 시바신앙은 탄트라 행자가 링가linga, 즉 남근의 심벌을 숭배하는 것과 밀접하게 연결되어 있음을 알 수 있다.

《三面시바神》
봄베이 만, 엘리판타 섬, 8세기. 석조.
바위를 파내어 새긴 힌두 사원의 主堂正面에 흉부 위쪽을 지상으로 끌어낸 5미터 남짓한 三面시바神像.

《女神을 조각한 제니트릭스像》(下)
마두라 지방, 17세기, 석조.
풍요를 기원하는 조각상 제니트릭스의 형상으로 여성숭배를 나타내는 彫象.

이 탄트라 행법과 신비주의가 자연스럽게 가까워져 기원전 1500년경 아리아 민족의 후기 베다 문화의 사상과 신앙에 큰 영향을 미치게 되었던 것이다.

인더스 문명은 우리들이 보통 생각하는 것처럼 기원전 1500년 무렵에 멸망했던 것은 아니고, 인도인의 생활이나 사상 속에 명맥이 이어져 전해지면서 흡수되고 있었다. 오늘날 남아있는 문헌을 보아도 베다=아리안은 상징적으로 표현하는 방법을 터득하고 있었고, 생각이나 감정도 뛰어나게 훌륭했던 것을 알 수 있다.

요가철학의 분야에서도 그들은 지금까지 인류가 추구했던 최고봉까지 도달하였다고 말할 수 있을 것이다. 예를들면, 기원전 1500년경에 만들어졌던 힌두교 최고最古의 성전《리그베다》에는 인간의 혼을 깨우치게 하는 갖가지 지식이나 우주의 신비를 둘러싼 영원한 물음이 제기되어 있다.

이는 또한《우파니샤드》라는 비전서秘傳書에서도 강조되는 면이다. 그 책에서는 인간의 혼이 원래 신神이면서 운명에 따르는 점을 훌륭한 방법으로 분석하고 궁극적인 진리를 탐구하면서 정신을 승화시키고 삶과 죽음, 에너지와 물질 등을 진리와 일체화시키려 하고 있다. 이 시대를 통하여 모헨조다로의 전통을 계승해오던 비만한 소상小像은 비록 유력한 모티프가 되어왔지만, 이러한 표현은 점점 낡은 것이 되어버렸다. 시각예술로서 폭넓은 전통이 생겨난 것은 아주 일반적인 종교 행사로 불교가 폭넓게 수용하고 있었기 때문이다. 마우리아 왕조는 기원전 3세기 아쇼카왕 치하에서 융성하였고, 아쇼카왕은 종교적인 규율로써 나라를 다스리려 했으므로 계속해서 불교를 국교로 채용하였던 것이다.

아쇼카왕 이후 기원전 2세기는 바르후트 불탑의 문이라든가 목책 등의 조각에서 볼 수 있는 것처럼, 불교에 대한 열정이 인도인의 생활 가운데

《장발의 성자상》
남인도, 17세기, 목조.
시바신 신앙의 변형이라고 생각되는 陽根을 붙인 조각상.

《寺院에 봉헌된 제니트릭스像》(下)
하이드라바드 지방, 11세기, 석조.
요니를 노출시킨, 만물을 생성하는 제니트릭스像.

에서 용솟음쳐 나왔던 시대이다. 바르후트 미술은 일반인에게도 인기가 있었고, 사람들의 심정에 호소하여 영감을 얻어내는 것이었는데, 돌로 된 담장이나 부조 혹은 문門 등의 조각 모양은 주변에 있는 숲이나 들판·작은 강으로부터, 또는 《쟈타카》라는 불타의 전생의 이야기에서 취한 것이라고도 할 수 있다.

그보다 1세기 후에는 장식이나 구상면에서 바르후트보다 훨씬 멋있게 호화로운 문을 갖춘 산치Sanchi탑이 출현한다. 산치와 거의 같은 시기에 서西인도에서는 바위에 조각한 챠이티야탑이 있는 불교 굴원窟院이 생겨난다. 그 가운데 바쟈·카를리·나시크 등의 굴원이 잘 알려져 있으며, 이들 챠이티야탑이 있는 굴원에 사용된 조각판은 불타가 깨달음을 얻은 장소인 부다가야 성채의 견고한 조각을 탄생시킨 것과 같은 근원에서 그 발상을 얻은 것이다. 그 후에 나온 2세기의 마두라 미술은 불타·보살의 모습을 실제 형체로 표현하는 수법을 처음으로 생각해내었다. 기원전 2,3세기 사이에 간다라 조각은 여러 가지로 변화가 풍부한 조각품을 만들어 불교에 크게 공헌하였던 것이다.

그 다음에 이어지는 굽타왕조시대는 그때까지의 불탑이나 석주조각石柱彫刻 등의 유산과 함께 실험 및 경험을 총결산하는 시대였다. 이 굽타시대에 속하는 고전시대의 회화, 특히 많은 벽화 작품의 대부분은 시대의 영고성쇠를 묵묵히 지켜보며 지금까지도 남아있다. 일찍이 기원전 2세기경에 그려진 아쟌타 벽화의 일부는 원형을 분간하기 힘들 정도로 훼손되었지만, 그 후 굽타시대 즉 450년부터 600년 무렵까지에 그려진 벽화에

는 강렬한 색채와 웅대한 구도가 거의 그대로 남아있다. 얼핏 보기에도 아쟌타 벽화는 불타의 전생의 이야기인《쟈타카》를 그린 것으로, 그곳에는 파노라마나 인연전생因緣傳生과 연결되는 생명력에 대한 모든 것이 표현되어 있다.

천연바위를 쪼아내어 만든 아쟌타 석굴은 〈우미優美한 보살〉상의 그림이 그려져 몇 가닥으로 나누어진 중앙천정으로 향하고 있고, 색채나 형태나 선 등은 모두가 최고로 고양되도록 계산해서 제작되었다. 여기에 그려진 불타상은 마침내 완성 단계에 이르렀으며, 채색된 불상까지 생겨나게 되었다. 인간의 마음을 흔들어놓는 동요의 폭풍도 이들 불상 앞에서는 전부 열반의 울림 속으로 빠져 들어가게 된다.

사실 문화적 영향력이라는 점에서 불교는 아쇼카왕 시대로부터 수세기 동안 힘을 발휘하였으나, 브라만교가 힌두교로 되어 부활 융성할 기미가 보이자 곤경에 처하게 된 불교는 차츰 새로운 대응책을 찾지 않으면 안되었다. 인도 중세사회의 모순이 심각해져 있던 뱅골의 팔라왕조 치하에서 불교의 대승파는 엄격한 소승파로 바뀌는 대신 한동안 인도 미술의 고전적인 단면이 부활되었다. 그러나 그것도 종래의 귀족적인 형태를 반복하는 매너리즘에 빠져 있을 뿐이었다. 불교는 탄생 지역에서 세력을 잃으면서, 오히려 그 영향을 외부 세계로 펼쳐나가고 있었다. 즉 인도의 갠지즈강 유역 이외의 각 나라에서 불교는 번창해가고 있었다. 그래서 특히 이 시대 및 그 뒤로 이어지는 시대의 인도 미술은 매력과 중후함을 겸비한 채 세계 각지에서 발전하였던 것이다. 즉 중앙아시아 토르판과 고창

《地獄: 冥界의 光景을 그린 색채사본》
라쟈스탄 지방, 18세기경, 종이에 안료.
힌두 신화에서는 지옥은 고문과 형벌의 형태에 따라서 일곱 가지로 나누어진다. 즉 희생자가 갖가지 고통을 겪는 암흑계인 苦界가 있다고 생각하고 있다. 이 그림은 이야기 형태로 죄인이 여러 가지 형벌을 참아내는 모습을 그리고 있다. 사람의 모습을 한 오른쪽의 死靈이 지옥의 신 야마의 사자에 의하여 화장터에서 끌려나온다. 죄인의 육체는 불로 지져졌으며, 뱀이나 독수리나 맹수가 사정없이 잔인하게 공격한다. 다른 죄인은 목이 잘리고 사지 四肢가 찢어진 모습으로, 공포로 전율케 하는 지옥광경을 강렬하게 묘사하고 있다.

에, 티벳에, 그리고 중국이나 조선에, 바다 건너 일본의 나라奈良·법륭사法隆寺에, 아프가니스탄 국경에 있는 바미안과 핫다의 동굴조각에, 카시가르·얄칸드·코탄의 거리거리에, 또 스리랑카의 시기리야 벽화에, 버마의 파간 사원마다에, 타일랜드의 황금사원黃金寺院에, 캄보디아의 앙코르에, 그리고 인도네시아의 보르부드와르의 거대한 스투파stupa (탑)에도 점점 그 영향을 미치며 확산되어가고 있었다.

  6세기가 되면 그때까지의 동굴미술로부터 점차로 브라만교 문화의 특성이 강하게 나타나고 있는 사원건축으로 옮겨진다. 이 시대의 인도는 여러 가지 색다른 종교사상이 공존하고, 그것이 폭넓은 기반을 가진 사회질서와 함께 명맥을 이어나갔다. 그러나 브라만교 미술기법은 그 주변을 압도하는 것 같은 감각의 세계를 고려하지 않으면 이해하는 데에 편파적이 될 것이다. 코나라크나 카쥬라호 사원의 조각에는 육감적인 요소가 논리

《아쟌타 窟院》

의 정점에까지 이르렀으며, 결국 감성의 한계를 완전히 초월하여 〈인생은 예술이다〉라는 궁극적인 깨달음으로까지 발전해갔다. 8세기부터 12세기까지는 탄트라시대의 르네상스 시기이다. 예를들면 이 시기의 코나라크라든가, 카쥬라호 사원의 미투나상(남녀교합상男女交合像)은 매우 아름답다. 조각으로서의 가치도 지니고 있으면서 모습 형태도 완벽하여 훌륭한 조화를 이루고 있다. 그러므로 신앙상의 가치와는 무관하게 소재를 완전히 분해하기 전에는 도저히 알 수 없을 것 같은 감각이나 3차원의 입체감 등등, 어느 모로 보아도 모두 놀랄 만한 것들이다. 이와같이 이 시대의 탄트라 문화의 온화한 얼굴상과 분노한 얼굴상은 동시에 인도 문화에서 가장 역동적이며 숭고한 표현을 보여주고 있다고 할 수 있다.

살아있는 탄트라라고 하는 것은 어떤 의미에서는 문화의 영역에 연결되는 문제이다. 그래서 탄트라 미美의 형태가 창조되었다고 하여도 역사

《카쥬라호의 유적》
중부 인도, 13세기, 석조.
카쥬라호에는 찬드라왕이 건립한 石造寺院들이 군을 이루고 많은 미투나상으로도 유명하다. 카쥬라호 서부에 있는 사원 안팎의 벽에는 무수한 조각상이 새겨져 있고 남녀교합상을 비롯하여 여신의 관능적인 자태나 동물과의 교합상도 많은데 음란하다는 느낌은 없고 아주 개방적인 분위기를 자아내고 있다.

적인 유산과 별개의 것일 수는 없다. 마치 전쟁·평화·사회적·정치적 변동 등등의 여러 가지 사건 속에서 역사가 반복되고 그 속에서 새로운 국면, 새로운 상황이 벌어지는 것과 똑같은 것이다. 결국 탄트라의 세계는 모두 본질적으로 그 특성을 절대로 잃지 않게 하는 한 가닥의 실로 엮어져 있다. 게다가 탄트라적인 발상과 현대문화와의 교류가 이루어진다면 근저에 깔려있는 발상이 같다고 해도 그 외면적 구조나 모양이 다른 또 하나의 새로운 비전vision이 생겨날지도 모른다. 탄트라는 그때까지의 위대한 시대와 마찬가지로 우리들의 지각의 문을 열고 〈비전의 주도에 의한 미의 창조〉를 이 세계에 가져다주었다. 아무도 모르게 전승되어왔던 문화형태의 하나가 인도 문화의 역사 속에서 혹은 여러 가지 다른 문화의 커다란 흐름 속에서 비할데없는 존재로 커갈 가능성도 충분히 있다.

《사냥춤 동굴벽화》
데칸고원 동굴, BC 5,500년경. 높이 50,8cm.

《인더스 印章》
1~3. 動物
4~6. 신화적 또는 종교적 장면
7~9. 幾何學文
10. 聖樹.
11. 聖神

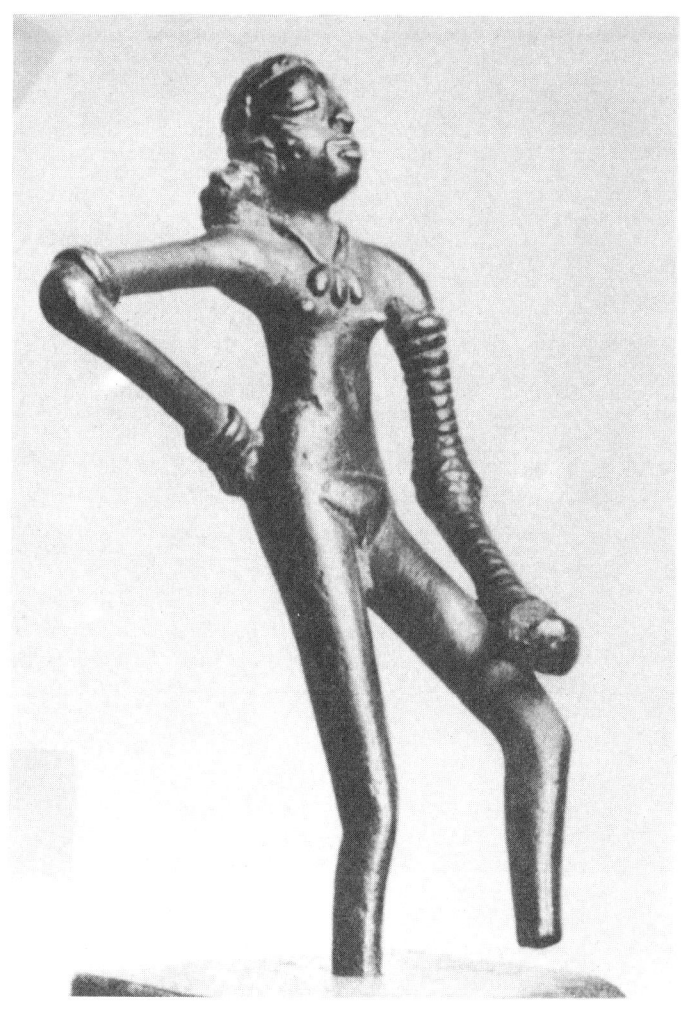

〈춤추는 듯한 소녀像〉
모헨죠다로·하라파 문화유적, BC 2300~1750년경, 청동상, 14cm.

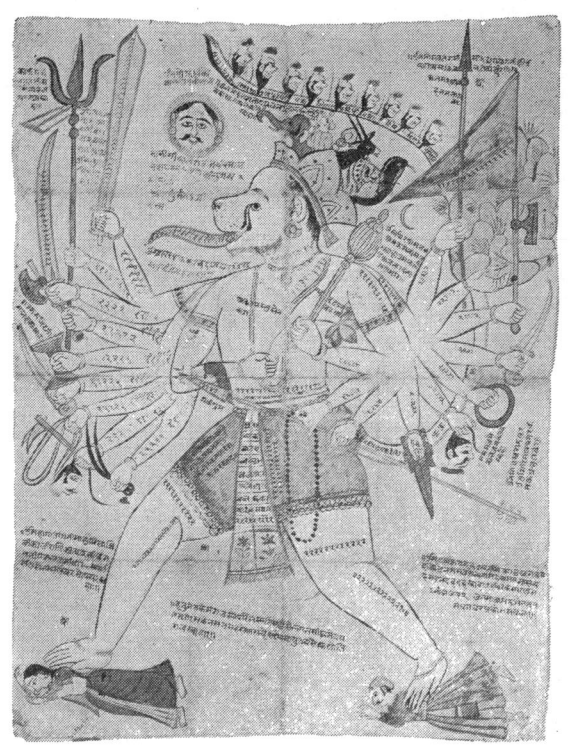

《힌두교 신화에 나오는 위대한 원숭이 하누만의 그림》
라쟈스탄 지방, 18세기 후반, 종이에 잉크와 수채.
하누만은 고대 인도의 서사시 《라마야나》의 영웅이고 라마왕을 신봉하는 원숭이이다. 이 원숭이에게는 어떠한 재해도 참아내고, 어떠한 불행이라도 극복할 수 있는 초능력이 있으며 생각하는 대로 모습을 바꿀 수 있으며 공중을 비행하고 대자연의 힘을 제어한다는 불가사의한 능력이 있다. 그는 스리랑카의 왕 라바나를 정복한 라마왕을 도왔던 장군으로서 인도에서는 하누만 자신도 신으로서 예배되어 왔다. 라바나의 10개의 수급首級은 이 적왕을 무찌른 상징으로 하누만의 꼬리에 묶어놓았다. 하누만의 강력한 20개의 팔은 우주의 요소를 나타내며 하누만을 믿는 신도들에게 그가 전지전능함을 보여주고 있다.

《象頭神 가네샤像》
라쟈스탄 지방, 19세기경, 종이에 안료.
시바와 파르바티의 아들로 행운과 지혜의 신. 액을 쫓는 신. 학문의 本尊. 가네샤는 힌두교의 상징체계 가운데 기본적 사상인 대우주와 소우주의 합일을 나타낸다. 이 사상은 탄트라 행자가 수행을 시작할 때 항상 상기하면서 어떠한 계획을 추진하더라도 먼저 가네샤에게 예배한다. 그러므로 탄트라 행자의 문학작품의 서두에는 모두 가네샤像이 들어가 있다. 보통 인간과 신과의 합체를 조각한 것으로 象頭는 인간 모습으로 표현하고 있다. 象의 머리는 세계 만물의 생성원인인 혼돈이라는 생명원리를 나타내며 가네샤의 지체보다도 중요하다고 생각된다.

《사자좌에 앉아 있는 부처상》
쿠샨왕조의 마트라 고분, 2세기.

《카네샤》
호이사라, 12~13세기, 샌프란시스코 아시아미술관.

《거대한 불사리탑》
안드라 지방, 산치탑 북문의 안쪽, 기원전후, 10.35m.

《북을 두드리는 여인상》
코나라크 수르야寺, 13세기.

〈카쥬라호의 미투나像〉

《카쥬라호의 미투나像》

《카쥬라호의 미투나像》

〈캬쥬라호의 미투나像〉

〈카쥬라호의 미투나像〉

〈마투라의 야쿠시像〉

《코나라크의 미투나像》

2 탄트라란 무엇인가

〈탄트라tantra〉는 정신적인 지식을 의미하는 산스크리트어의 tatri 또는 tantri에서 나온 말인데, 본래는 〈넓힌다〉라는 뜻을 가진 tan이라는 어원으로부터 나온 말이다.

결국 〈탄트라〉는 〈지식을 넓힌다〉는 뜻이고, 스스로 지식을 전부 몸에 익힌다는 것이다.

〈탄트라〉는 종교가 아니다. 그렇다고 인생을 신비적으로 보는 태도도 아니다. 그것은 인생체험임과 동시에 인간이 가지고 태어난 정신적인 힘을 표출해내는 방법이며 체계이다.

탄트라의 가르침은 확실히 비非아리안계 원주민인 고대 인도인에게 알려져 있었다. 기원전 3000년경의 인더스 문명에 속하는 하라파 문화 가운데에 요가의 자세라든가 여신숭배상의 형태를 볼 수 있는 것은 앞에서 살펴본 바와 같지만, 탄트라의 의미를 넓게 생각하면 분명히 인도 아리안계가 근원이고, 고대 인도 전통의 중심을 이루고 있다고 말할 수 있다. 탄트라가 기원전 1500년경에 만들어진 브라만교의 성전인 《베다》문학과 밀접한 관계가 있고, 탄트라의 의례에는 《베다》의 행법에 기원을 두고 있는 것이 많이 발견된다. 이 탄트라 의례가 대부분 인도철학의 기초를 이루고

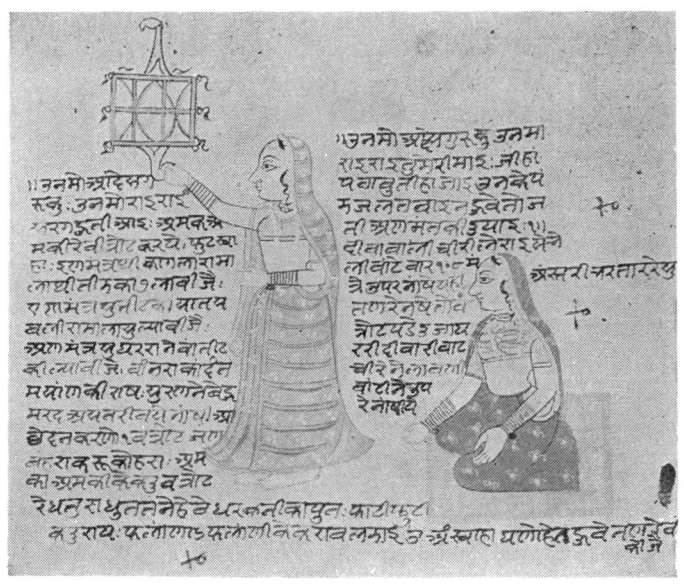

있는 것이다. 더구나 탄트라 형식을 취하고 있는 것은 불교나 힌두교에서도 모두 마찬가지이다. 이와같이 탄트라 형식이 끊임없이 갖가지로 발전해가는 동안에 《우파니샤드》나 《요가》, 또는 불교 등의 사상적 영향을 받으면서 인도 중세의 전기, 말하자면 8세기 내지 10세기까지에 완전히 전개되었음을 보여준다고 할 수 있다.

   탄트라의 성전에는 저자가 없다. 이것은 신神이 썼다고 말할 수밖에 없다. 그 성전의 종류는 방대한 수에 이르고 각각 큰 차이가 있지만 모두 성스런 말이라는 의미를 가진 〈아가마〉라든가 〈니가마〉라는 이름으로 불리우고 있다. 힌두교나 불교에는 일찍부터 문헌이 있었지만, 탄트라 행법이 생겨난 것은 성전이 완성되기 이전의 일이다. 문자로 기록된 최초의 탄트라 성전이 완성된 연대는 서력西曆 초기라고 보는 것이 좋겠지만, 성립이 늦은 것은 훨씬 뒤인 18세기까지로 연대가 내려가는 것도 있다. 탄트라 문헌은 오랜 세월에 걸쳐서 발전하고 있었고, 하나의 탄트라 성전에도 다양하게 시대적인 사고방식의 변화가 차차 덧붙여지고 있었기 때문에, 특히 어느 시대에 완성하였다고 할 수는 없다. 각각의 성립 연대를 설정하자면 확실한 자료를 토대로 결정하지 않으면 안 될 것이다.

〈여성신자들〉
라쟈스탄 지방, 19세기, 종이에 안료.
힌두교 大祭의 하나로 고대 인도 서사시의 영웅 라마왕의 즉위식을 기념하는 〈빛의 제사〉이다. 부富의 여신 라크슈미와 무서운 여신 칼리처럼 넓게 신앙되는 많은 여신이 꽃이나 과일이나 제물을 받는 제사이다. 여성들은 착색분으로 기단이나 벽에 제사용의 도형을 그리고 때로는 그곳에 기름燈을 장식하기도 한다. 이러한 도형은 신들을 맞아들이고, 행운을 기원하는 신성한 장소로 만든다. 이 그림은 여성신도가 의식용의 도형에 기원하고 또 한 사람은 지켜보고 있는 장면.

탄트라의 영향이 인도에만 국한된 것은 아니다. 문헌에서 보면 탄트라의 가르침은 세계 각지 특히 네팔·티벳·중국·일본·동남아시아 등지에 넓게 퍼져 있는 것을 알 수 있으며 그 영향은 점차 지중해 문화에까지도 미쳤던 것 같다.

탄트라는 무엇보다도 스스로 깨우치기 위한 현실적인 방법이기 때문에, 능력에 알맞게 많은 사람의 다양한 요구에 적합한 방법이 개발되어졌다. 보편적으로 추구하는 것은 동일하더라도 각자가 다채롭게 독자적인 방식으로 정진할 자유가 있는 것이다. 자유라고 하더라도 단순히 속박을 부정하는 것만은 아니고, 적극적으로 깨달음에 이른다는 의미이다. 깨달음에 따라서 순수한 기쁨이 생겨나고, 우주에 충만한 보편적인 지식이 몸에 익혀지는 것이 단적으로 말해서 자신을 아는 것이 된다. 따라서 탄트라는 인생의 목적이나 가치라는 점에 눈뜨기 위하여 정신과 육체 양면에 걸친 이론과 실천의 구조를 전개시켜왔던 것이다.

탄트라 본래의 사고방식은 역으로 말하면 인도철학의 기본적인 사고방식에서 비롯되었다고 말할 수 있지만, 추상적으로 사색하는 것이 아니고 실제로 어떤 방법이나 수단을 빌어 어떻게 목표에 도달하는가를 보여주고 설명하는 것이다. 탄트라를 싹트게 한 원동력은 바로 인도적 전통의 모태가 되었고 아울러 인도사상의 주류로서 성장해갔다. 물론 탄트라는 시대의 흐름 속에서 본래의 사상에 충실하는 것뿐만이 아니라, 때로는 완전히 반대되는 이교異教의 세계로부터도 스스로 장점을 흡수해왔다. 이

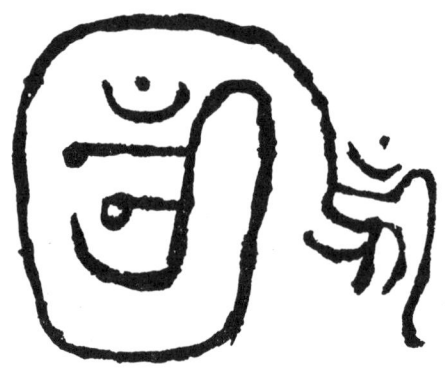

〈眞言 옴의 문자〉

와같이 탄트라는 바깥 세계로 크게 기반을 넓혀가면서 시대의 조류에 편승하여 탄트라 독자적인 사고방식을 몸에 익혀왔던 것이다.

탄트라는 사실 인생의 〈체험〉면을 보다 중시해왔지만, 그렇다고 해서 깊이 고뇌하여 정신적인 시련을 쌓는 것이 무의미하다는 것은 아니다.

탄트라는 원자이론이며 시간·공간의 관계며 천체관찰이며 우주론·수상학手相學·점성술占星術·화학·연금술 등을 고도의 수준으로 끌어올려 연마해왔다. 우주의 원자이론을 탄트라가 발전시켰던 것은 아주 이른 시기였다.

탄트라에 따르면 우주는 〈옴 om〉이라는 단음절인 〈만트라Mantra〉와 같은 기본음으로부터 전개되어왔다고 한다. 우리들이 이 우주에서 보거나 느끼는 모든 물체는 각각의 진동을 응축시킨 음音인 것이다.

이 에너지가 나타내는 보다 진보된 단계가 원자의 탄생이다. 우주는 끊임없이 생성되고 분해되고 다시 생성되는 과정을 거듭하는 원자집단으로부터 성립된 것으로 여겨진다.

그리고 인간이 자신의 육체 어느곳에 영혼의 중추가 있는가를 발견하는 것도, 또 추상적인 기호를 통하여 여러 가지 요가의 수행을 닦는 경험도 모두 탄트라의 기준에 따르고 있다.

탄트라는 갖가지 형태로 나타나는 대자연이나 인생에 현실중시의 요소를 포함시킨다는 의미로밖에 다른 식으로는 볼 수 없다. 어떠한 형태로 나타나 있는 대자연에서나 인생에서나 인간이 자신에 눈뜨는 것만이 궁극적인 것이다.

아무리 눈깜짝할 사이의 일생이라도 이 세상에 있는 것은 모두가 적극적인 일면을 가지고 있다. 따라서 어떤 형태로 나타난 자연이나 그 자연을 은폐시키는 장애물에서 몸을 피하는 것이 아니라, 탄트라에서 말하는 것처럼 그들을 직시하고 맞부딪쳐 나가지 않으면 안 된다. 완전한 경험이라는 것은 현재 있는 그대로의 의식과 이로부터 생겨날 잠재력으로서의 의식을 전면적으로 경험하는 것을 말한다.

탄트라에 따르면 이 세상에 나타나는 것은 모두 〈푸루샤puruṣa〉라는 남성원리와 〈프라크리티prakṛti〉 혹은 〈샥티śakti〉라는 여성원리로 이루어진 이원론二元論에 기본을 두고 있다. 그곳에는 남녀의 교합이 〈시바신〉과 〈샥티〉와의 창조적인 결합으로까지 고양될 수 있다는 사상에 근원을 두고 설명하고 있다. 모든 것에 깃들어 있는 이 시바와 샥티는 불처럼 격렬하게 포옹한 결과 최고의 〈비이원성非二元性〉 즉 〈해탈解脫〉이라는 무이無二의 열락 속에서 이른바 단 하나의 원리로 되어버리는 것이다.

지금까지 탄트라의 진정한 의미가 일반에게 알려져 있지 않았기 때문에 〈교합요가〉의 수행방법이라든지 처녀숭배 따위의 의례는 오랫동안 오해를 받았고 곡해되어왔다. 최근 탄트라는 시간과 공간을 초월하는 방면에 관심이 집중되어 열광적으로 사람들에게 환영받는 바 되었다. 이러한 것을 보아도 탄트라에는 교의敎義라는 것이 없고 그것은 차라리 새로운 세계관의 탄생이라고 생각해야 될 것이다. 탄트라는 폭넓은 인간관을 대국적으로 설파하고, 일체를 포괄한 사고조직과 경험으로 증명되는 기법을 가지고 인간 각각의 영혼의 근원을 창조적으로 자각하게 하는 것이다. 그곳에 탄트라의 현재적인 가치가 있다고 말할 수 있다.

나중에 상세히 서술하겠지만, 이상에서 요약한 것이 탄트라의 여러

가지 의례나 양식에 의하여 만들어지는 각종 탄트라 사상이다. 그러면 탄트라에서는 이 세계나 우주, 생물이나 무생물, 생명, 인간을 어떻게 생각하고 어떻게 파악하고 있는 것일까?

《四面시바神의 얼굴을 한 링가와 요니像》
네팔, 근세, 석조.
힌두 사원에서 자주 볼 수 있는 **男根**과 **女陰**을 새긴 **像**. 신도는 시바신인 링가에 꽃을 바치고 물을 뿌린다. 물은 링가 아래에 있는 요니로 흘러내려서 수로를 거쳐 밑으로 떨어진다. 그 물은 불가사의한 **靈力**을 지닌 것으로 신자가 받아가는 광경을 볼 수 있다.

《人體星宿圖》
라쟈스탄 지방, 19세기, 종이에 안료.
탄트라 행자는 인간의 육체가 영혼을 발전시키는 가장 강력한 도구라고 간주한다. 즉 인간은 우리의 微視的 차원을 모두 육체라는 범주 속에 간직하고 있다는 것이다. 본 그림은 인체와 천체현상과의 밀접한 관계를 보이고 있다. 신체 각부에 기록된 상징은 소우주로서 개개의 인간에게 천체가 어떠한 영향을 미치고 있는가를 나타내고 있는 것이다. 팔에는 어깨 끝에서부터 9개의 혹성, 즉 태양·달·화성·수성·목성·금성·토성·나후성·계도성의 기호가 있다. 또 한쪽 팔의 부호는 달의 27성군을 표현하고 있다. 이것들은 9개의 혹성과 태양계 12星宿와 함께 이 세계의 인간 운명을 지배하고 있다. ㅋ자처럼 된 인간의 육체는 끊임없는 천체에너지의 흐름에 반응하는 하나의 웅대한 활력이 넘치는 대우주를 표현하고 있으며, 그 우주 본래의 광대한 그물로부터 벗어날 수는 없다.

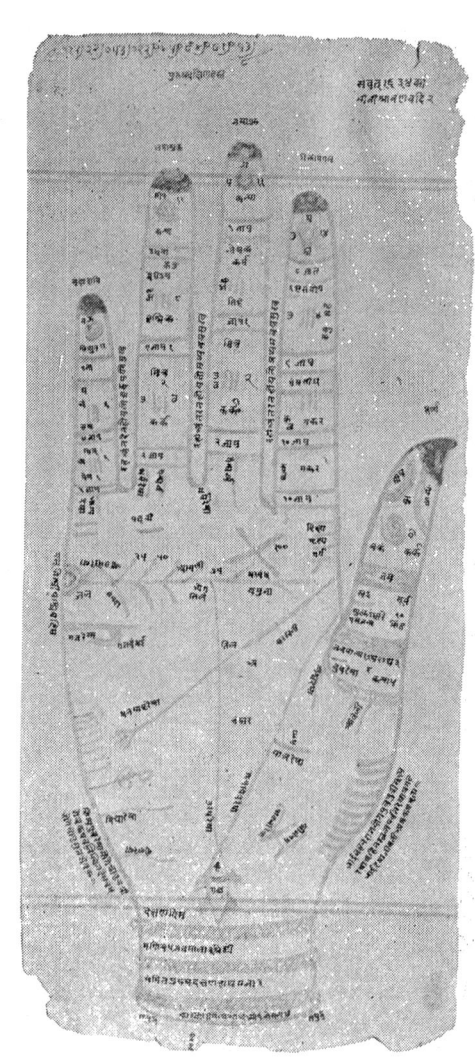

《掌上에 吉兆를 표시한
하스타카라 얀트라》
라쟈스탄 지방, 19세기경,
종이에 잉크와 수채.
手相術은 손바닥 위의 표시로써 미래를 점치는 기술로 고대 인도에서 자주 쓰이고 있었다. 이 손바닥의 도형은 태양계 혹성의 리듬과 인체와의 상관관계를 표시하고 있다. 12宮의 명칭이 손가락 위의 두 선 사이에 적혀있다. 지식이나 부·사랑·행복 등의 인간 운명을 나타내는 갖가지 모양이 손바닥의 선과 문자에 의하여 표시되어 있다.

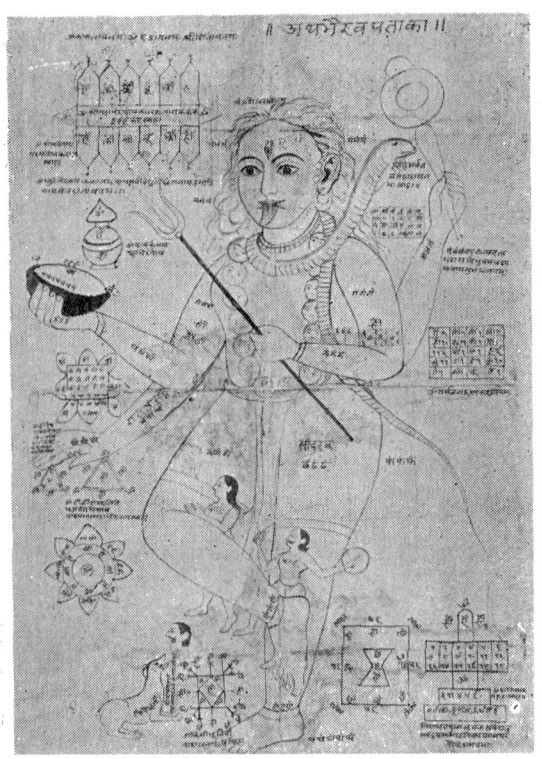

라쟈스탄 지방, 19세기경, 종이에 잉크.
시바는 힌두신 가운데 主神의 하나로 브라흐마신과 비쉬누신과 함께 힌두교 3대신이다. 여기서 시바는 무서운 신, 우주를 파괴하는 상징, 바이라바신으로서 묘사되어 있다. 손에 삼지창·곤봉·태고 등의 무기를 가지고 있으며, 주변에 서너 개의 기하도형적인 얀트라와 각종 만트라 종자음절을 기록한 추상적인 기호가 그려져 있다. 그 신비적인 얀트라는 승려의 기도를 받고 나서 수호신이 되며 악마를 제거하는 임무를 담당한다. 시바는 또 화장터나 그의 지배하에 있는 지옥의 잔악무도한 악령으로부터 몸을 지켜주는 수호신으로서도 숭배되고 있다.

《시바의 상징 삼지창 숭배》
라쟈스탄 지방, 18세기, 종이에 안료.
시바는 힌두교 3대신 가운데 제3의 신. 인간의 활동이나 사고의 많은 면이 이 신격과 동화되어 있는데 성스런 삼위일체의 일부로서 시바는 우주 파괴의 상징이기도 하다. 시바의 성스러운 무기에는 강력한 상징이 몇가지 연관되어 있으며 그 중 하나인 삼지창은 자연계의 세 가지 성질의 상징이고 시바의 권력과 전지全智의 화신으로 예배된다. 그 세 가지란 우주의 세 가지 움직임 즉 창조와 유지와 파괴를 가리킨다. 인간이라는 소우주 속에서 삼지창은 세 가지 미세한 氣道를 표시하고 있다. 탄트라에 의하면 이 氣道는 척추 기저로부터 정수리로 통한다.

《춤추는 시바神》
11~12세기, 청동상, 82cm.
시바의 춤은 창조·신비·보존·파괴·해방의 다섯 가지 요소로 되어 있다. 생활 체험의 총제로서 에너지가 충만한 이미지를 준다.

(a)는 창조리듬을 나타내고 손바닥의 불꽃(d)은 파괴를 나타
낸다. 좌우로 펼쳐진 머리칼은 갠지즈강의 여신(b), 달(c)이
보이는 팔에 휘감긴 시가(e)는 생명력을 상징하고 발 아래의
작은 사람은 사악을 의미한다.

《춤추는 시바神》
엘로라 제16굴.

3 세계를 어떻게 보는가

한마디로 말하자면 〈탄트라〉란 궁극적으로 신성한 깨달음에서 거듭 신성한 깨달음으로 발전해가는 직관의 학문이고, 그것을 통하여 신성한 지식이 드러나는 정신적 수행법이다. 앞에서 서술하였던 것처럼 탄트라 성전은 수없이 많지만, 일반적으로는 64종류가 있다고 믿고 있다. 이 탄트라는 그의 배우자인 샥티(여신)의 진언眞言에 의하여 시바신이 이 세계로 가져왔다고 한다. 시바는 이 우주를 조종하는 것으로 이해되지만 그것은 샥티를 통해서 탄트라의 비밀을 이 세상에 공개하도록 하였다는 것이다. 어쨌든 탄트라는 고대 인도인의 귀중한 보배이었을 뿐만 아니라 인생을 어떻게 살 것인가에 관하여, 더 나아가서는 삼라만상·우주만물에 관한 가장 오래된 가장 과학적인 지침서라고 할 수 있다.

탄트라는 이른바 정신생활의 이론적인 면과 실천적인 면 양쪽에 걸쳐 있다. 이론적인 면은 〈니가마〉로 알려져 있고 실천적인 면은 〈아가마〉라고 부른다. 〈아가마〉는 시바가 왕비 파르바티에게 이야기를 건네는 형식을 취한 탄트라이고, 〈니가마〉는 남편인 시바에게 이야기를 건네는 아내 파르바티의 작품이라고 보고 있다. 〈아가마〉는 모든 인간 가운데에 잠자고 있는 우주적인 힘 〈군달리니〉를 깨우치기 위한 탄트라의 비교적秘敎인 부분이다. 실제적인 행법과 과학적인 사고방식을 가진 탄트라는 이른바 도덕을 초월하고 있다. 그것은 하늘로부터의 계시이고, 마음이나 혼의 신비를 가리키고, 인간으로 하여금 본래의 모습에 눈뜨게 하는 것이다.

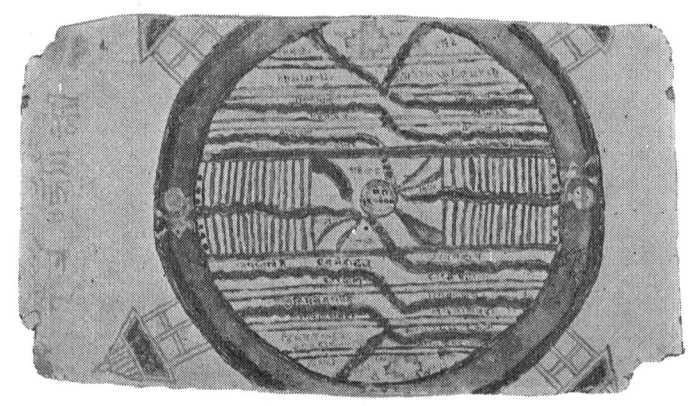

탄트라 행법의 정신적인 면인 〈아가마〉는 명상이나 요가와 관련되어 있다. 이에 비하여 〈니가마〉는 탄트라 행법의 비밀에 관해서 파르바티가 시바에게 한 질문을 공개한 것이다. 파르바티는 생각나는 의문점을 떠올려 수많은 문제를 해결하려고 한다. 그 내용이 〈니가마〉이고, 탄트라의 행법 즉 기초이론을 형성하고 있는 것이다.

힌두 탄트라와 마찬가지로 불교 탄트라에서도 남성과 여성은 본래의 모습에서 말하자면 〈방편方便, upaya〉과 〈반야般若, prajña〉 결국 행동과 지혜라고 믿고 있다. 스즈끼 다이세쓰鈴本大掘 박사는 반야와 방편이라는 생각을 아슈바고샤(馬鳴)의 시대까지 거슬러 올라가 조사하였던 바 「깨달음에는 순수한 지혜 즉 반야와 무한한 행동성 즉 방편方便 혹은 대비大悲의 두 가지 면이 있다」고 말하고 있다.

반야는 인생의 불행으로부터 각개의 마음을 해방시켜 주며, 번뇌의 장애를 제거하는 〈완전한 지식〉을 나타낸다. 이것에 대하여 방편 즉 깊고 큰 연민의 정情인 〈대비大悲〉는 활동적인 힘이고, 인간의 영감의 원천이다. 이것은 인간이 정신적으로 깨닫기 위한 기폭제가 되어 우리 인간을 지혜와 해탈의 상태인 신비적인 〈일여一如〉의 세계, 즉 자신과 타인이 융합한 세계로 이끄는 것이다. 한편 반야라고 하는 것은 수동적인 힘이다. 결국 사람이 깨달음을 얻기 위해서는 방편方便의 도움이 있어야 된다. 힌두 탄트라에서는 시바가 수동적인 힘이고 샥티는 능동적인 힘이라고 생각한다. 샥티는 시바의 내재적인 원리이다. 그밖에는 힌두교와 불교의 신들이 똑같다고 할 수

《채색사진 상그라하니 수트라의 우주도》
라쟈스탄 지방, 18세기경, 종이에 잉크와 수채.

있다.

　탄트리즘이 동방의 뱅골 지방이나 아샘 지방, 우타르프라데쉬주의 북서 경계선을 따라 캐시미르 지방 부근에서 융성하였던 것은 확실하다. 또 탄트리즘이 절정에 달했던 무렵의 가장 중요한 철학작품들이 캐시미르 지방 및 동인도 지역과 관계가 있다는 것은 분명한 사실이다.

　탄트라 행법의 한 가지 양식은 치나챠라, 즉 중국양식이라 불려지고, 그것은 도교의 선배인 보갈과 인도인인 탄트라 스승 바시스타 두 사람에 의하여 인도에 들어왔다. 마하치나(대중국)라는 명칭은 중국이나 티벳을 동일시하여 칭하지만, 192개의 정규 탄트라 가운데에 64개의 탄트라는 이 지역에서 가져온 것이다. 대승 탄트리즘이 나중에 발전하고 있던 때에도 많은 탄트라가 네팔·부탄·시킴에서 생겨나고 있었다. 탄트리즘은 수세기에 걸쳐 전체 인도적인 현상이 되었고, 많은 주요한 종파들 위에 흔적을 남기게 되었다.

탄트라

탄트라 문헌은 매우 풍부하지만, 그 대부분은 아직 번역되어 있지 않다. 현존하는 탄트라 문헌 가운데 중요한 것은 650년경 만들어졌다는 《비밀집회秘密集會 탄트라》이다. 필시 대승불교의 유명한 학자인 아상가에 의하여 만들어진 가장 오래된 불교 탄트라의 하나로, 인도에서 불교가 쇠퇴해가고 금욕적인 질서가 붕괴되는 사이에 생겨난 〈비밀회의秘密會議〉의 산물이었기 때문에 그와같은 이름이 붙었을 것이다. 또 하나 유명한 저서로는 불교에서 기원한 750년경의 《문수사리근본文殊師利根本 탄트라》가 있다. 1000년경의 《르드라야마라》와 1100년경의 《브라흐마야마라》는 모두 힌두교 탄트라이다. 《크라르나바 탄트라》의 성립은 아마 9세기경일 것이고, 캐시미르에서는 8세기 후반부터 11세기 사이에 탄트라가 왕성하게 제작되었다. 10세기부터 18세기까지는 무수한 탄트라 문헌이 나오고 그 영향은 외국의 많은 지역으로 파급되었다.

탄트라의 과학적인 사고방식이라는 것은 형이상학과 비슷하다. 탄트라

《세계의 구조를 나타내는 자이나교의 우주도》
라쟈스탄 지방, 18세기경, 종이에 안료.
탄트라의 우주도에는 우주관이나 우주 진화론에 근거하여 세계만물의 구조를 생각하였다. 세계는 항상 중심을 둘러싼 몇 개의 원으로 구성된 〈전체全體〉로 되어 있다. 세계의 중심을 지배하는 것은 신화에 나오는 수미산이고, 그 주변에 우주계·천체·대기계 등의 각 단계를 상징적으로 표현한 일곱 개의 동심원으로 이루어진 섬대륙 《閻浮提》가 있다. 가장 바깥쪽 원을 경계로 하여 우주공간이라고 할까 무한대로 퍼져나가는 非세계공간이 있다. 이것은 요가행자가 정신을 집중시키는 초점으로써 명상에 활용된다. 이때 우주도의 중심은 수행자인 소우주의 중심축과 동일하다.

의 형이상학에서는 그 속에 의례와 예술이 일체가 되어 있고, 그와 함께 과학이 교리에 자유를 부여하였으며, 탄트라의 의식에 경험론적인 측면을 마련해 주었다. 탄트라는 처음부터 어떤 목적을 가지고 우주의 본체에도 관심을 보이고 있는데 그것은 기원전 500년경의《베다》의 상캬 수론 **數論** 체계나 기원전 2000년경부터 1000년경의 브라만교 정통파의 사상과 융합된 구조를 그대로 계승하고 있었기 때문이다.

당시 탄트라 행자는 주로 화학실험분야, 특히 수은과 유황으로 된 약의 조합 등의 분야에서도 실험을 행하였다. 실용적인 의례에 관심을 보인 고대 인도 과학의 이러한 면은 아주 중요하다. 이와같이 천체의 광대한 스펙트럼의 움직임이나 인간과 천체와의 상호작용을 밝히는 천문학이나 점성술은 천공天空을 지도에 그리고 의식의 일정을 정하였던 것이다. 수학 그리고 지리상의 지식도 다양한 종류의 얀트라 도형을 만드는 데 유효한 열쇠가 되었다. 탄트라의 견해에서 본다면, 과학적인 척도라는 것은

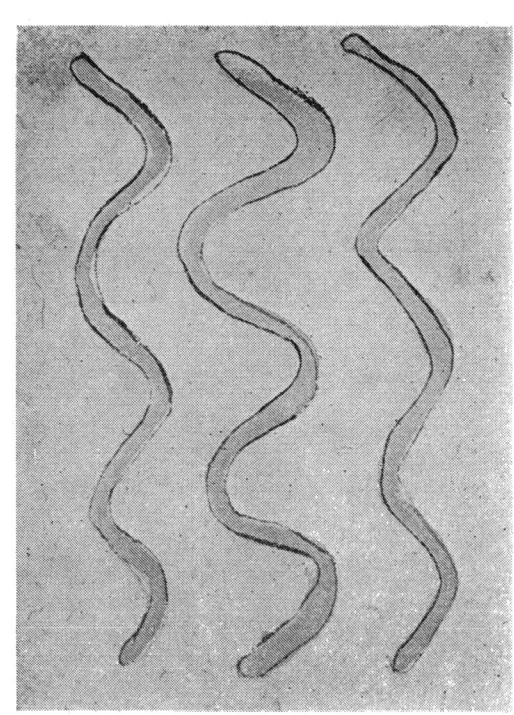

경험적으로 실증할 수 있는 경우에만 도움이 되는 것이 아니고 인간에게도 적용되기 때문에 정신적인 경험의 기초가 되기도 한다. 과학의 힘을 빌어 세계를 설명하는 데 필요한 여러 가지 가설은 수행자의 정신적인 성장단계 가운데에서 중간역할을 한다고 말할 수 있다. 탄트라 수행자에게는 그러한 가설이 올바른가 아닌가는 의례가 유효한지의 여부와 연관되어 있다. 탄트라에 뿌리깊은 영향을 주었던 고대 인도의 상캬 철학에 따르면 우주진화의 역사는 에너지 불멸의 법칙과 에너지 변환과 분산 법칙에 기초를 둔 과학적인 가설의 특징을 전부 갖추고 있다고 할 수 있다.

폭넓은 우주과학적인 견해에서 본다면 현실세계의 커다란 요소는 미세한 요소로부터 생겨난다고 한다. 거꾸로 미세한 요소는 더욱 미세한 동질의 물질로 만들어져 있다고 생각하는 것이다. 궁극적으로 그곳에서 우주의 순환이론이 성립되므로, 결국 파괴는 진화과정에서 최초의 기원으로 단순히 되돌아가는 과정에 지나지 않는다.

《3가지의 구나》
웃타르프라데쉬 지방, 17세기경, 종이에 안료.
〈사트바〉〈라쟈스〉〈타마스〉라고 하는 세 가지 구나가 인간의 척추 기저에서 잠자는 정신적·영혼적 에너지〈군달리니 샤티〉와 만나면 그 에너지가 눈뜨고 인체내를 뱀처럼 상승하여 최종적으로 인간을 해탈하게 한다. 또, 이 경우에 인체라는 것은 나중에 상세하게 서술하겠지만, 관념적인 눈으로 볼 수 없는 육체를 말한다.

예를들면 우주는 단계를 밟아서 〈축적해가며〉 발전해간다. 발산되는 최초의 것은 〈아카샤〉라고 불리우는 진동하는 요소이다. 그것은 열을 발생시키고 열은 가스 물질로 변하고 다시 액체상태로 변한다. 이 순환이 한 번 돌아서 다시 원래대로 되돌아온다. 고체는 액체로 분해되고, 마지막으로 진동하는 원초의 상태로 용해된다. 〈생성〉과 〈유지〉와 〈소멸〉의 순환이 다시 시작되는 것이다. 이와같은 견지에서 사물의 확실한 탄생과 우주의 끊임없는 창조가 이루어진다는 사고방식이 생겨난다.

우주는 〈프라크리티〉라는 눈에 보이지 않는 근원에서 발생된 것으로, 프라크리티는 전문용어로 〈구나〉라고 알려져 있는 세 가지 범주로 이루어진 기본단위라고 생각할 수 있다. 그것은 의식을 나타내는 원리인 〈사트바〉와 활동을 하게 하는 에너지의 원리인 〈라자스〉와 가만히 움직이지 않고 있는 혼의 질료의 원리가 되는 〈타마스〉, 즉 〈순질純質〉, 〈격질激質〉, 〈예질翳質〉의 세 종류로 되어 있다.

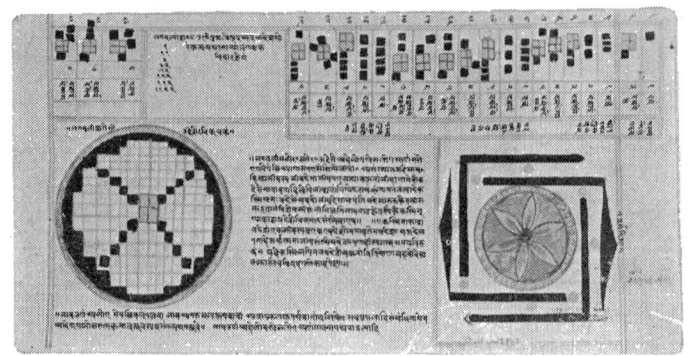

우주순환운동의 최초 운동은 정지상태이다. 세 가지 구나, 즉 질료는 완전한 균형 아래 공존하고 있다. 운동은 의식의 세계〈푸루샤〉의 뛰어나게 강한 견인력이 조화를 이룬 상태에 있는 프라크리티에 보내져 최초의 균형이 깨지면서 시작된다. 불균형이 정지상태를 무너뜨리고 그곳에서 창조가 시작된다.

물질세계의 운동과정은 항상 공간과 시간이 인과관계로 관련되어 있다고 생각된다. 시간이란〈과거〉와〈현재〉와의 구분을 하나로 연결시킨 것이다. 연속되는 시간 속에서는 단지 한순간만이 진실이고, 우주 전체는 이 단순한 순간 속에서 진화해간다. 그 외의 것은 과거도 미래도 한순간의 잠재적인 현상에 지나지 않는다. 공간은 시간과 마찬가지로 단지 상대적인 것이고, 상호관계 혹은 위치관계에 의존하여 구성되어 있다고 생각되어지는 것이다.

상캬철학에서는 원인과 결과는 다소 차이가 있다 하더라도 같은 에너

《성좌와 혹성궤도의 축도》
라쟈스탄 지방, 17세기경, 종이에 잉크와 수채.
산스크리트어 텍스트를 함께 그린 천문학 사본. 머리가 일곱 개인 말이 끄는 마차에 앉아 있는 태양신 수리야.

《자이나교의 우주도에 근거한 우주공간도》(下圖)
라쟈스탄 지방, 18세기경, 종이에 잉크와 수채.
우주공간이라는 개념은 위치·거리·4방위(동서남북)와 연결되어 있다. 원형 만다라(좌측)의 중심은 사방팔방의 공간으로 넓어지는 최고원리의 시각상의 초점이다. 이 전우주적인 도식에는 대부분의 지평에 의하여 진리의 세계가, 상부의 작은 사각 도표로 표현된 외부의 현상계와 구분되어 있다.

지가 진화된 형태이다. 결과라는 것은 모든 원인 속에 잠재되어 있다. 결과가 생겨나는 것은 원인 속에 잠재적으로 나타나 있는, 즉 산스크리트어로는 〈파라마누〉라는 원자 배열에 내부변화가 일어났다는 것이다. 본래 물질적인 우주는 만들어진 것으로, 프라크리티와 세 종류의 구나가 나타나는 방식에 차이를 보여주고 있음에 불과하다.

인도의 육파六派철학의 하나로 자연철학을 설파한 바이세시카 학파는 원자에 관한 가설에서, 물질의 속성이나 원자와 분자의 성질을 설명하고 있다. 산스크리트어로 〈아누〉라는 원자는 눈에 보이지 않고, 만져볼 수도 없다. 그러나 그것이 눈에 보이고 손으로 만질 수 있게 되면, 〈파라마누〉라고 부른다. 이 학파의 체계 속에서는 네 종류의 원자가 구별되어 있다.

각각의 원자에는 수·양·개체·혼·중력·유동성·속력 그리고 감각을 자극하는 힘 등이 잠재되어 있다. 이들 네 가지 유형의 원자는 물질계 현상의 비교적 커다란 사상事象에 대응되고 있다. 즉 토土·수水·화火

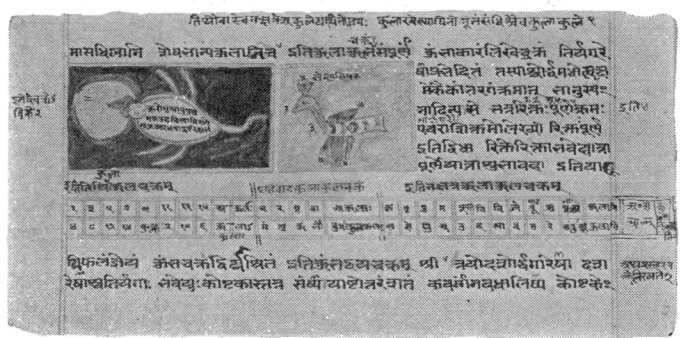

·풍風이다. 다섯번째 요소는 에테르 즉 공간으로 구조상 원자는 아니고, 단지 소리를 모으는 용기로써의 역할을 한다고 볼 수 있다.

고대 인도 사상에는 음音이라든가 그 기초가 되는 진동의 중요성도 이미 알려져 있었으며 아주 상세하게 설명되어 있다. 이 학파에서도 음의 본질적인 면이라든가 음의 전파 방식에 관하여 다음과 같은 가정적인 분석을 하고 있다. 결국 음은 공간의 특수한 성질이라고 먼저 단정한다. 게다가 물질적인 면에서 보면 물체가 기계적으로 충돌한 경우, 분자 속에서 진동이 생겨나고, 차차 주변의 공기분자와 충돌하여 그 결과 음을 만들어 내게 된다고 생각하였던 것이다. 음은 파도가 바다에 펼쳐지듯이 공간에 넓게 퍼져나간다. 그래서 연속된 동심원同心圓 모양을 이루는 필라멘트 층의 형태로 방사되어 만나면서 증폭되어가는 것이다. 그렇지만 그 음은 미묘하게 조금씩 약해져가는 그 정도에 의해서 식별된다고 한다. 즉 초자연적인 음〈스포타〉, 존재하지만 들리지 않는 초음파음〈나다〉즉 여린

《상그라하니·수트라의 채색사진》
라쟈스탄 지방, 17세기경, 종이에 잉크와 수채.
산스크리트어 텍스트에 딸린 도해입문 성좌도.

《천체계산의 사본》(下)
산스크리트어 텍스트를 동반한다. 라쟈스탄 지방, 18세기경, 종이에 잉크와 수채.
고대 인도인의 시간 구성은 태음력을 따르고 있었다. 그 기본적인 시간 구분은 두 가지인데, 그 중 하나는 太陰月로서 1개월 30일을 2주간씩으로 나누고 달이 뜨는 15일과 新月의 밤과 달이 뜨지 않는 14일로 구성되어 있다. 또 하나는 黃道를 27내지 28의 월궁月宮(혹은 月궤도상의 星群)으로 나눈다. 본도 아래쪽의 문자도는 문자와 숫자의 상징에 따라서 구분을 나타낸 것.

음, 그리고 우리들이 들을 수 있는 명료한 음〈두바니〉등이다.
 이와같은 음에 관하여 사고했던 그 기반은 탄트라에서《스포타 바다》라 하여 서술되어 있는 중심적 교의敎義이며, 의례에서 중요한 일면을 이루는 탄트릭 만트라(진언)의 기초로 되어 있다. 음절의 반복에 따라서 진동하는 리듬이 육체 안에 생겨나고, 영혼의 세계를 불러일으키는 것이다.
 이른바 다양한 분야에 걸쳐서 인도적인 사물을 보는 사고방식으로부터

물체의 기원·성립·구조에 관한 여러 가지 이론이 발전되어왔다. 이론이 다종다양하였던 덕분에 인도에서는 물질적 우주 조사 연구법이나 화학·연금술·의학 등과 같은 실용적인 면이 발달되었고, 자유롭게 적용될 수 있는 과학적인 사고방식이 생겨나기 쉬웠다고도 할 수 있다. 연금술의 지식은 넓게 고대 인도에서 깊이 탐구되어왔으며, 8세기부터 14세기에 걸친 탄트라 부흥기에 그 절정을 이루었다. 탄트라 수행자들은 인체와 우주와의 관계를 충분히 이해하고 있었고, 수은 및 약물의 사용·호흡의 훈련·호흡조절·일광요법의 명상 등에 따라서 신체상태를 조절하는 여러 가지 기법을 알고 있었던 것이다. 탄트라에 강한 영향을 준 힌두교 사상은 여러 가지가 있지만, 그 중심적인 생각은 〈푸라나〉라고 알려져 있는 여러 가지 힘이 나오는 원천인 우주 에너지에 관한 생각이다. 우주 속에 있는 모든 힘이나 여러 가지 운동, 인력引力, 사고思考조차도 각각 푸라나가 나타나는 형식이 다른 것에 불과하다. 인체 안에서 호흡은 푸라나의 단 한 가지 결과에 지나지 않지만, 호흡은 인간이 살아있다는 가장 큰 표현이다.

그러나 우주계 속에서 푸라나는 궁극적인 것이 아니며 근본적인 구조도 아니다. 그것은 이른바 궁극적인 진실에서 생겨나는 것이기 때문이다. 탄트리즘의 근본적인 생각으로는 우주는 두 가지 원리, 즉 푸루샤와 프라크리티의 교체에서 생겨나는 것이었지만, 보다 깊게 분석해보면 이들 쌍방 모두 〈하나인 것〉에서 나오고 있는 것이다.

물체라든가 사고라는 현상 전체의 배후에는 영원히 〈하나인 것〉뿐이고, 제2인 것은 없는 것이다.

《푸라나에 기원을 두고 있는 신을 묘사한 채색사본》
라쟈스탄 지방, 18세기경, 종이에 안료.
민간전승의 문학 푸라나.

여기에서 탄트라의 기원에 관하여 조금 더 언급해보기로 하자. 탄트라는 본래 베다 아리안 문화에서도, 인더스 문명을 만들어낸 비非아리안 문화에서도 발견할 수 있을 정도로 오래되었다. 그러나 문자로 씌어져 남겨진 탄트라 문헌이라면 비교적 새로운 것밖에 현존하지 않는다. 힌두교, 자이나교, 불교 각각의 탄트라 중 어느것이 최초로 문자화된 탄트라 성전으로 출현한 것이었는지 엄밀하게는 알 수 없으나, 현존하는 탄트라 성전 중에서는 불교의 것이 가장 오래되었다고 한다. 구미나 인도의 대부분의 학자들은 불교 탄트라 중에서《비밀집회 탄트라》와《문수사리근본文殊師利根本 탄트라》가 가장 오래된 것으로서 4세기경 아상가에 의하여 만들어졌다고 보고 있지만, 최근 연구에 따르면 그것이 잘못되어 있음을 확인할 수 있다. 즉《비밀집회 탄트라》의 현형現形은 8세기 후반에,《문수사리근본 탄트라》의 현형現形은 7세기 후반부터 10세기에 걸쳐서 서서히 완성되었다고 보고 있다. 연대가 확실한 한역문헌, 즉 선무외善無畏가 지은《대일경소大日經疏》속에〈탄트라怛特羅〉라는 말이 보인다. 이것으로 미루어 보아 8세기 초기에 인도의 불교 성전에 탄트라라는 이름이 들어간 것을 알 수 있다.

《비밀집회 탄트라》의 기초가 되는《진실섭眞實攝 탄트라》가 7세기 말엽에 만들어진 것을 보면 불교 탄트라가 처음으로 문헌화된 것은 이 무렵이라고 보는 것이 좋겠다.

힌두교의 탄트라는 8세기 이후의 것밖에 현존하지 않는다. 그러나 보다 오래된 탄트라가 인멸되었을 가능성도 배제할 수 없기 때문에 불교 탄트라와 힌두 탄트라의 어느쪽이 성전으로서 오래된 것인가는 확실히 구분짓지 못하고 있다.

인도인의 전통에는 성자의 말씀이 문자화되기 훨씬 이전부터 입에서 입으로 전해지는 것이 일반적이었다. 석가의 가르침도 처음부터 경전형태로 정리되어 있었던 것이 아니라 제자들 사이에서 구전되다가 석가 사후 1세기 이상이 지나서야 점차 문자로 정착되기 시작하였다. 탄트라도 옛날부터 수행자들 사이에서 전승되어온 것을 나중에 성전화하였다고 하는 믿음은 인도인들 사이에 뿌리깊이 박혀있다.

《우주현상에 대한 해설도, 태양과 일식》
라쟈스탄 지방, 19세기경, 종이에 잉크.
정확한 시간을 계산하려고 인도의 천문학자는 수많은 요인을 고려하였는데 그 중에서 가장 중요한 것은 흑성의 숨, 月宮, 천체의 움직임, 지구로 보내는 천체의 放射光 등이다.

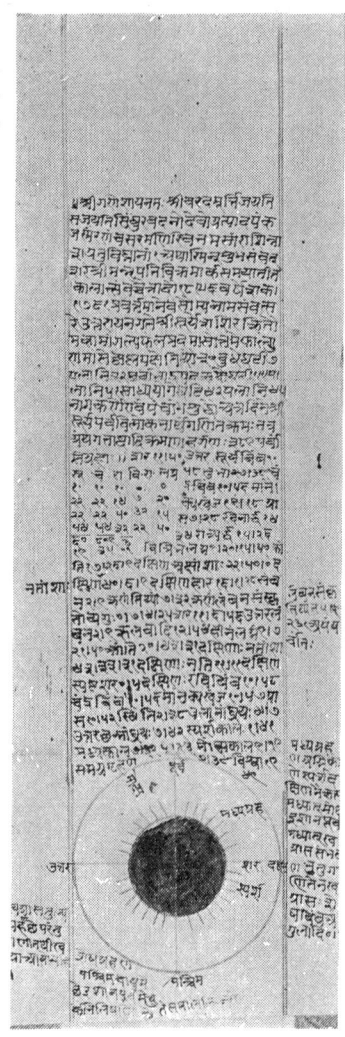

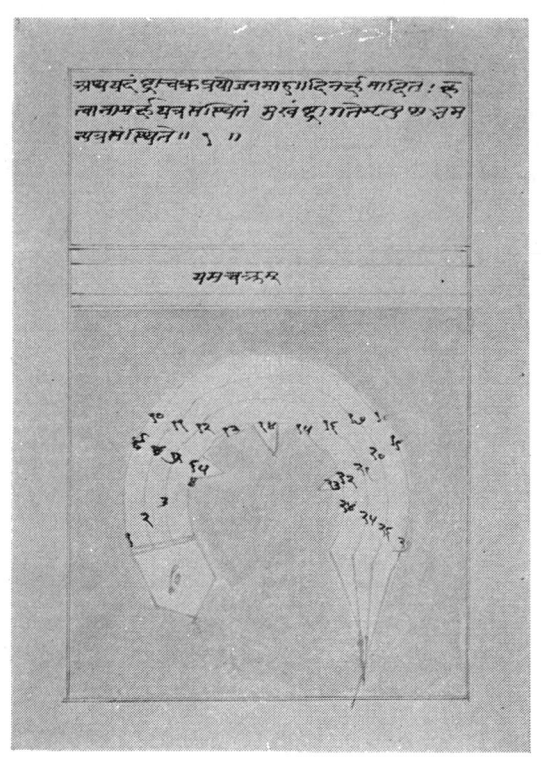

《혹성 따위의 천체의 위치를 계산하는 점성도(얀트라)》
라쟈스탄 지방, 19세기, 종이에 잉크와 수채.

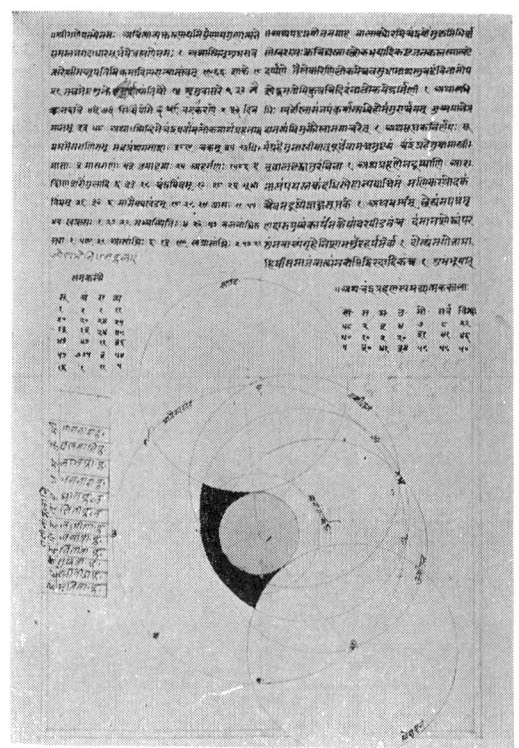

《혹성의 평균 위치를 확인하는 데에 이용할 수 있는 천문도》
라쟈스탄 지방, 18세기경, 종이에 잉크와 수채
태양의 고도・天頂点・거리・赤緯를 조사한다든가 주로 탄트라 의례에서 정확한 시간을 결정하는 데에 쓰였던 것.
고대 인도에서 천문도는 천체의 통상주기를 정하는데 이용되었다. 천문학과 수학은 매우 밀접한 관계가 있으며 정확하게 예언하려면 천문학 자료와 복잡한 계산을 함께 분석해내야만 한다.

《태양신 수리야를 묘사한 천체도》(수리야의 만다라)
라쟈스탄 지방, 19세기, 종이에 잉크와 수채.
혹성의 위치와 다른 천체와의 거리를 계산하고 있는 태양신을
그린 것이다.

4 얀트라와 만다라

만다라 행자들은 개개의 인간과 우주가 만나는 〈장소〉인 접점상에 우주의 교차점을 정하는 체계적인 행법을 발달시켰다. 이 우주의 교차점은 육체를 통하여 또는 의례나 제사를 통하여 수행자 스스로의 움직임에 따라서 수행자의 눈앞에 끌어들일 수 있다. 눈으로 볼 수 있는 것으로는 탄트라 미술의 주류를 이루는 〈얀트라yantra〉 도형과 〈만다라mandala〉 또는 신들의 모습이나 형상을 묘사함에 따라서, 혹은 귀로 들을 수 있는 것으로는 〈만트라mantra〉라고 알려진 산스크리트어의 기본음절을 발성함으로써 불러일으킬 수 있었다.

탄트라에 의하면 생물이든 무생물이든 모든 것은 어떤 특정한 주파수를 가진 진동음이라고 할 수 있다. 음이나 형태는 상호 연관관계에 놓여 있고, 모든 형상은 어느 정도 강도를 지닌 진동음이고 모든 음에는 각각

눈으로 볼 수 있는 형상이 대응되어 있다. 결국 음이라는 것은 형상의 반영이고 형상은 음에서 생겨난 것이다. 음을 근원으로 음에 따라서 나타나게 되는 활동적인 힘을 도형화한 것이 〈얀트라〉이다. 얀트라라는 말에는 〈구원〉이라든가 〈도구〉라는 의미가 있고 주로 두 가지 목적으로 활용되는데 하나는 명상瞑想을 돕기 위한 것이고 또 하나는 구체적으로 신을 본뜬 그림으로 대개는 종이에 그리거나 금속에 조각한 것이 많다. 점·선·원·삼각형·사각형으로 된 이 얀트라 도형에는 원초적인 추상도형이 짝을 이루고 있지만, 그것은 정靜과 동動이 격조 높은 균형을 유지하며 조화를 이루고 있다. 일반적인 얀트라의 특징이라면 중심부 주변에 전부 도형이 그려져 있다는 점이다. 그 중심부는 이른바 원점이고 또 균형의 중심이면서 그것이 발산하고 폭사輻射하는 형상을 불러일으키는 것이다. 수직방향과 수평방향의 넓이로 둘러싸인 이 얀트라 도형은 올바른 수학

《푸루샤카라 얀트라》
라쟈스탄 지방, 18세기경, 종이에 안료.
우주적 인간과 연관된 우주도. 본도는 몇 가지로 구분되어 있는 자이나교의 우주세계의 모습을 묘사하고 있다. 둥근 천체의 중심에 천계를 지배하는 신화상인 산인 〈須彌山〉이 있다. 그 주변에 섬으로 된 대륙과 천계와 지계가 동심원을 이루며 둘러싸고 있다. 아래쪽에는 거인과 악마, 갈색인종과 요괴왕국의 지배하에 있는 지하계의 7가지 지평이 있다.

적 질서와 규칙적인 의미를 사람들에게 전달하고 있다.
　이와같이 얀트라 도형은 에너지를 형상으로 표현하고 있지만, 그 에너지의 힘은 도형의 추상도라든가 정밀도에 따라서 증대되어간다. 이 에너지 도형을 통하여 여러 가지 생각을 해내거나 조절할 수도 있다. 그 배후에는 물론 어떤 원칙이 있고, 얀트라 형상은 모두 음에 뿌리를 둔 에너지의 도형을 시각적으로 나타내고 있는 것처럼, 시각적인 도형은 모두가 그 자체의 잠재력을 도형으로 변화시켜 간직하고 있는 것이다.
　그렇기 때문에 얀트라는 천문학과 점성술의 도표나 산출표를 대강 스케치해놓은 것이 아니고, 탄트라 수행에 숙달된 사람 앞에만 나타나는 선화線畵라고 보아야 할 것이다. 얀트라를 구성하는 기본적인 기하도형, 그 외에 명상의 도형 즉 마음에 나타난 우주 에너지 도형에도 전부 상징적인 가치가 부여되고 있다. 그들은 우주의 힘이나 성질을 기본적으로 나타내

고, 그 위에 복잡한 구성을 짜넣을 수도 있다. 결국 이들 도형이 힘을 갖는 것은 탄트라 행자에게 있어서는 의식의 본질일 뿐만 아니라 상징적으로 표현된 의식 그 자체이기 때문이다.

얀트라 도형 속에서 인간은 영혼력의 초점을 보여주는 중심과 자기 자신의 의식의 핵심이 되는 부분과의 사이에 긴밀한 관계를 발견하려고 하는데, 〈만다라〉 속에도 아주 똑같은 것이 표현되어 있다.

원圓을 의미하는 〈만다라〉는 전체라든가 총합을 본뜬 우주의 원도原圖이다. 그것은 우주 혹은 영혼 에너지의 강력한 핵심 부분을 나타내고 있다. 결국 만다라는 그 마지막에 시작이 있고, 그 시작에 마지막이 있다고 하는 것처럼 에너지가 영원히 균형을 이루고 있는 것을 보여주고 있다. 그 주변에는 메타포(비유)로서 사각·삼각·미궁迷宮 모양의 도안이 보통 종이나 헝겊 위에 복잡하게 그려져 있는데, 그러한 도안은 얼핏 보기에 모

〈슈리 얀트라〉
라쟈스탄 지방, 18세기경, 종이에 안료.
탄트라의 얀트라 도형으로서 가장 유명한 것. 슈리 얀트라는 우주의 신비적인 구조를 표현하고 있다. 그것은 남성원리를 나타내는 상향의 네 개의 삼각형과 여성원리를 나타내는 하향의 다섯 개의 삼각형을 구성하고 있는 43개의 작은 삼각형으로 이루어져 있다. 삼각형 외측은 연꽃 테두리와 사각으로 둘러싸여 있다. 얀트라는 존재 세계 전체의 비젼vision을 관상하기 위한 것이고 도형의 각부는 우주원리에 연관되어 있으며 신들의 만트라(眞言)도 얀트라의 각부에 기록되어 있다. 그들은 명상중에 활성화되기 때문에 수행자는 우주와 동화되어 궁극적인 깨달음을 구하고 상징을 마음에 그리는 것이다.

순되는 듯한 절대적인 요소로 이루어진 전체상을 나타내고 있다. 만다라는 탄트라 숭배에 폭넓게 활용되고 그 의례의 기본적인 부분을 담당하고 있다고 말할 수 있다.

전체라든가 총합을 상징적으로 나타내는 만다라는 원형으로만 제한되어 있는 것은 아니다. 삼각·사각 따위의 도형도 〈원圓〉이 점차로 변화하는 단계를 표현한 것이고, 수행자가 명상할 때 정신 속에 수용하기 수월한 영상이라고 말할 수 있을 것이다.

수행자는 우선 그 시각적인 형태 속에 깃든 탄트라의 원초적인 진수를 마음에 그리는 초보적인 것을 배우는 것이, 이어서 명상을 통하여 만다라를 영혼의 힘으로써 자신의 내부로 받아들일 수 있는 기초작업이 된다. 이렇게 〈전체〉를 상징하는 원圓은 〈퇴화와 진화의 원형〉으로서 움직이게 된다.

창조와 파괴는 우주만물의 본질이다. 모든 물체는 에너지에 의하여 집결된 원자집단으로 되어 있다. 분해는 집합과 마찬가지로 당연히 자연에서 빼놓을 수 없는 일면인 것이다. 질량과 에너지의 자장磁場은 어느 정도 속도가 느리고 또 느낄 수 없을 정도로 미소微小하지만 항상 붕괴하고 있다. 그들은 무한히 끝없는 샥티라는 끊임없는 변화 속으로 빠져 들어간다. 그러나 실제로 창조적인 면에서는 〈샥티 빈두〉(점)도, 삼각형 〈트리코너〉도 결국 면적을 구분하는 최소한의 변을 가진 직선도형으로 발전해야 한다. 샥티의 반대원리인 시바는 이러한 발전이 이루어지는 제1시동력 샥티와 합

치되기까지는 움직이지 않는다.

이어서 시바를 표현하는 상향의 삼각형과 샤티를 표현하는 하향의 삼각형이란 이들 두 가지가 서로 교체되는 기하도형이 작용하여 합치된 결과 여러 가지 점에서 수학적인 균형을 얻을 수 있게 된다. 수학적으로 잘 조화된 시각적인 이 도형에는 얀트라 도형 같은 추상적인 심벌리즘symbolism은 없다.

탄트라에 있어서 얀트라라든가 만다라와 마찬가지로 달걀 형태의 〈브라흐만다〉나 구형의 〈사라그라마〉 혹은 〈시바 링가〉 등의 이미지는 우주의 진리를 터득하였을 때 나타나 보인다. 브라흐만다의 올바른 개념에서는 본래의 세계를 달걀 모양으로 표현한다. 여성원리 즉 활동 심벌인 샤티의 자궁 〈요니〉 속에 세워진 〈시바 링가〉는 잘 알려진 바와 같이 모든 운동과 진동의 근원이다.

따라서 그것이 본래의 세계에서 이 세계로 나타난 후에, 정지하고 있는 듯 균형을 유지하는 상태의 요니는 원으로 표시되고 그 원의 중심이 〈링가〉의 근원이 된다. 그러나 끊임없이 분화하고 창조하는 〈활동〉상태에 있어서 요니는 명료한 형태를 취하며 원에서 삼각형으로 즉 사물의 근원인 〈요니〉의 형을 변화시킨다. 이와같이 원의 중심점 〈빈두〉는 모든 것을 수용한다. 그래서 분명한 형태를 취하여도 사라져버리지 않고 전체를 끝없는 형태로 융합시켜간다.

《삼각형으로 상징되는 여성 요니》
라쟈스탄 지방, 17세기경, 종이에 안료.
이 삼각형은 기본적인 세 가지 자질인 〈구나〉를 나타내며, 암흑을 쫓아내는 광명과 역동적인 창조력을 표현하고 있다. 더구나 미분화된 세계에서는 이 세 가지 자질은 첫째의 특징이 되고 원도 삼각형으로 간주한다. 이 형태는 얀트라의 본질적인 요소이다.

탄트라의 상징세계에서는 추상적으로 표현된 것이든 신과 같은 형상으로 표현된 것이든 이러한 기본적인 형상에 의한 표현이 나타나게 된다.

이처럼 탄트라에는 육체·정신·영혼 등등의 여러 가지 단계가 있고, 어떤 경우에는 이들이 일체가 되기도 하고 어떤 때는 따로따로 나뉘어 전감각을 일깨우는 방법이 상당히 많다. 탄트라의 행법은 전적으로 인간이 스스로 깨닫고 개인과 우주와의 합일된 모습을 실현하는 방향으로 나아가고 있는 것이다.

탄트라의 가르침의 기본은 「실재란 알기 어려운 전체다」라는 사고방법이다. 이것은 〈우주적 의식〉으로 보여진다. 다시 말해서 시바와 샥티와의 결합이다. 시바와 그 창조력인 샥티는 영원히 묶인 채 두 개로 나누어질 수 없는 존재인 것이다.

우주적인 의식에는 본질적으로 스스로 진화하거나 퇴화하거나 하는 능력이 숨어있다. 물론 개개 인간에게도 이 우주의식이 몸에 익숙해지면 그것과 동화될 것 같은 잠재능력이 있다. 이 우주의식을 직관으로 알려고 하는 것이 탄트라의 목적이다. 개인이란 결코 절해의 고도와 같은 것이 아니고 각각 전체 우주적인 도식에 끼워진 사람들이다.

깨달음의 길이란 자기완성을 목표로 하는 길이며, 그것은 부정한다든

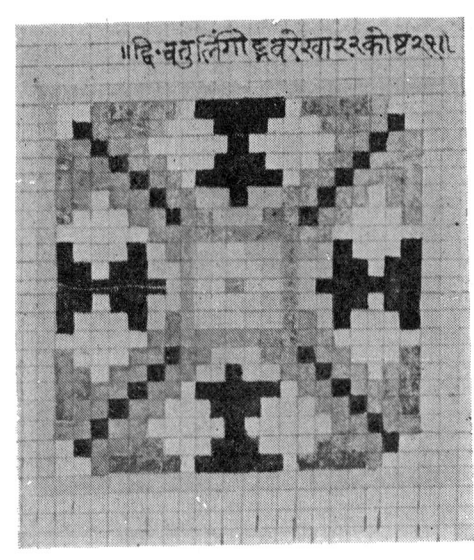

가 도피한다든가 하는 방법으로는 달성될 수가 없다. 우주적인 의식으로써 개인을 깨우치려면 개인과 그것을 초월한 것과의 완전한 공존의 세계 즉 인간과 절대자와의 전체세계를 체험해야 하는 것이다.

실은 이 전체세계, 즉 모든 경험을 완전하게 비춰주고 있는 것은 시바와 샥티이고 이것은 바로 〈남성〉과 〈여성〉이다. 우리들 인간이 지향하는 것은 적극적으로 명상함에 따라서 개인과 우주라든가, 남과 여라는 두 개의 극極이 완전히 합일된 온전한 세계를 터득하는 것이다. 탄트라적으로 말한다면 그러한 깨달음이 이루어짐으로써 사람은 하나로 결합된 〈시바=샥티〉가 된다. 이 상태를 경험하면 인간의 언어로 형용할 수 없는 황홀한 환희 〈아난다ananda〉를 느낄 수 있게 되는 것이다.

이 이원성은 힌두 탄트라나 불교 탄트라에서도 인정하고 있지만, 힌두교와 불교의 근본적인 차이는 불교에서는 남성원리인 〈방편方便〉을 동적인 것으로 보고 여성원리인 〈반야般若〉를 정정靜的인 것으로 보고 있는 점이다. 그러나 힌두교에서도 불교에서도 모두 반反이원론적인 이원론을 강조하고 궁극적인 도달점은 두 개의 완전한 결합이라고 생각하고 있다.

탄트리즘은 〈여성 신비의 재발견〉을 확인하려는 사고방식을 반영하고 있다. 확실히 역사상의 몇 가지 요인 때문에 여성숭배와 관련된 행법을

《차두르링가 우드바와 얀트라》
土地, 연대미상.
힌두교의 삼위일체의 三神의 하나로 우주붕괴의 상징인 시바신에게 바쳐진 바둑판 눈금 모양의 얀트라 그림. 이 상징적인 도형에는 시바신의 네 가지 모습이 요니(女陰)台座上의 〈시바 링가〉로서 바둑판 눈금 상태의 21개의 격자 모양 속에 표현되어 있다. 이런 모양의 얀트라는 명상이나 정신집중, 혹은 신들에게 기원하는 의례에서 길흉의 예배대상이 되고 있다.

넣을 수밖에 없었던 면은 있지만, 그 요인을 별도로 한다면 탄트라에 있어서 여성이 높은 지위를 누릴 수 있고 우주적인 힘의 수준까지 올라갈 수 있었던 것은 여성원리가 근본의식의 활동면이라고 생각되었기 때문인 것이다. 이러한 이유로 여성 쪽이 남성보다 훨씬 중요한 위치에 있는 것이다.

일상 생활의례에 있어서도 여성은 모든 여성원리의 〈반영〉이라고 볼 수 있으며, 실재 최대한의 본질을 나타낸 우주 에너지의 변형이라고 할 수 있다. 탄트라에서는 남성원리는 여러 가지 요소를 겸비한 여성원리에 필적하지만, 여성원리 쪽이 우월하다는 입장을 취하고 있다.

이 사고방식은 탄트라 성전의 주요 골자로서 필요한 여러 가지 수준의 발상을 수용하고 있는 것이다. 즉 샤티에도 인생의 창조적인 면으로부터 퇴폐적인 면까지, 육체적인 욕망으로부터 고상한 면까지, 온화한 면으로

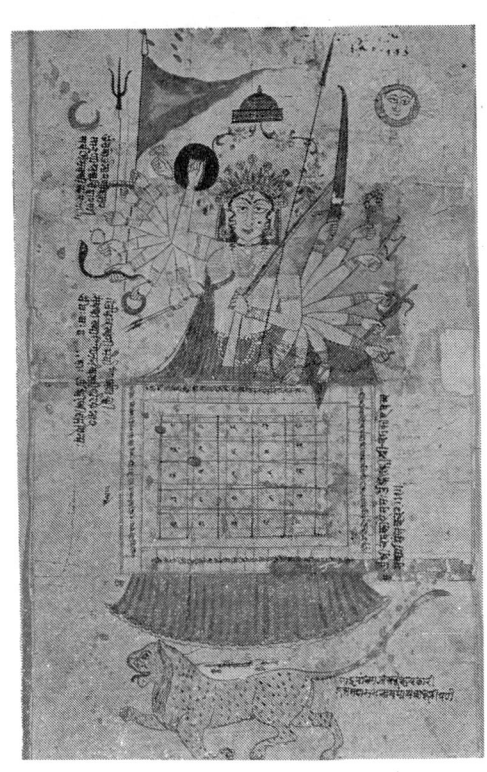

부터 공포에 이르기까지 인생의 모든 국면이 포함되어 있다. 샤티 즉 이 우주적인 힘이라는 것은 우주의 순환사이클의 주도력主導力이고, 모태이며 영원불멸의 물질이 사물을 탄생시키는 힘을 반영하고 있다. 샤티는 또 살아있는 것을 전폭적으로 긍정하는 태도를 나타내기도 하고 또 그와 반대로 일체의 태도를 구별하고 구분하는 근원이 되기도 한다.

탄트라 행자는 샤티를 절대자라든가 유일자唯一者와 동일하다고 본다. 이것은 남성원리와 여성원리가 신성한 형태로 합일된 것을 표현하고 있는 것이 샤티이기 때문이다. 자신의 참모습에 눈을 떠가는 과정에서의 최종 목적은 육체 속에 〈군달리니〉의 에너지를 불러일으키는 것이지만, 그것은 샤티를 소우주인 인간의 육체로 옮기는 것이라고 생각하면 좋을 것이다.

잠자고 있는 우주 에너지 〈군달리니〉를 모든 인간의 내면에서 불러일

《중심에 추상적인 얀트라가 있는 두르가 여신상》
라쟈스탄 지방, 19세기 전반, 종이에 안료.
최고의 여성에너지를 나타내는 두르가 여신은 적극적인 활력이 넘치는 우주원리이고, 남성원리보다 중요시된다. 여신은 자신 속에 남성과 여성을 결합시킨 우주원리의 전체적인 상징으로서 예배된다. 사자를 탄 여신은 완전의 상징이고 예배 중간에 중앙에 있는 얀트라의 신비스러운 숫자가 길조와 행운을 구하는 의미에서 제창된다.

으키기 위하여 탄트라는 미세한 육체 안에 에너지의 중추인 일곱 개의 〈자리座〉를 찾아내었던 것이다. 이들 자리는 전문적으로는 〈챠크라〉라는 명칭으로 알려져 있다.

성전聖典에 의하면 모든 개개인은 이 에너지의 표현이고, 우리들 주변의 물체는 항상 같은 의식이 여러 가지 형태로 표현되는 이러한 의식에서 나왔던 것이다. 몸을 사리고 잠자고 있는 〈군달리니 샥티〉라는 우주력은 역시 인간의 육체에 깃들어 있는 최고의 에너지인 것이다. 눈을 뜬 군달리니는 각종 요가의 행법에 따라서 에너지의 중추인 일곱 개의 챠크라를 열면서 위쪽으로 올라간다. 이렇게 군달리니는 상승하면서 각각의 챠크

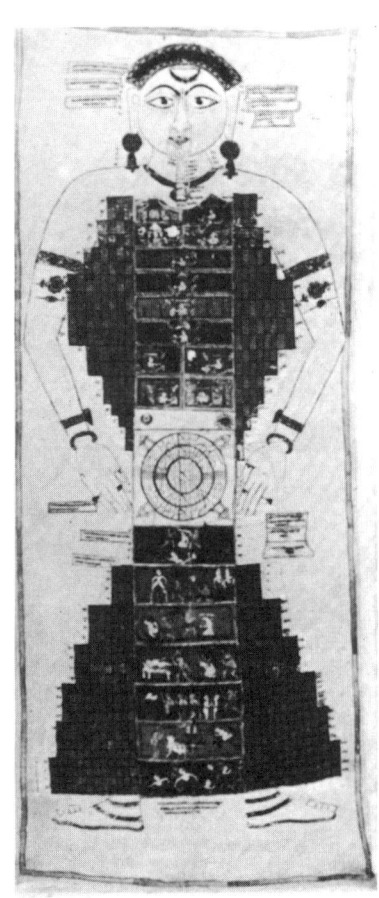

라에 저장되어 있는 활동 에너지를 흡수하고 최종적으로는 〈순수의식純粹意識〉인 시바와 합체되기에 이른다.

바꾸어 말하자면, 이들 일곱 개의 챠크라는 각각 영혼의 힘과 육체의 기능이 융합되는 중심이다. 그 챠크라 가운데에 영혼=우주 에너지는 육체적인 특징의 결정結晶이긴 하지만 그 특징은 다시 영혼의 힘으로 분해되든가 변화되어 버린다. 우주가 분해될 때에는 전부가 아직 실제로 나타나지 않은 원초의 모습으로 되돌아가거나 혹은 회귀回歸해간다. 거기서는 전체가 시작도 끝도 없고 형태도 없이 미분화된 것이라고 생각할 수 있다. 그리하여 샥티는 뛰어난 영향력으로 우주의 힘을 일깨우면서 창

《푸루샤카라 얀트라》
라쟈스탄 지방, 18세기, A. 무케르지 소장. 자이나교 신화에 영행을 받은 탄트라적 우주도형인 얀트라. 인간의 몸 속에 반영된 대우주를 보여주고 있다. 몸의 중간 부분인 현실세계 bhurloka는 동심원들도 나타내고 있다. 상승하는 경험의 차원들은 로카스lokas라 부르고 하강하는 차원들은 탈라스talas라 부른다. 위쪽은 63개 층으로 된 16개의 하늘로 이루어져 있고, 아래는 7개의 땅과 지하 세계의 49개 층으로 구성되어 있다.

조과정을 거치기 시작한다.

　이렇게 하여 세계는 다시 새롭게 환생되고, 이러한 순환은 영원히 계속된다. 이 세계에서는 아무것도 죽는 법이 없다. 얼핏 죽은 것처럼 보이는 것도 그것은 생명을 구성하는 〈요소要素〉로 되돌아갈 뿐이고 그후 또 다른 형태로 태어나게 된다. 거기에는 오직 삶과 그 변화가 무한히 반복되면서 지속될 것이다. 다음장에서 인체에 있는 일곱 개의 샥티 센터라고 불러도 좋을 챠크라에 대하여 보다 더 상세하게 설명을 덧붙이고자 한다.

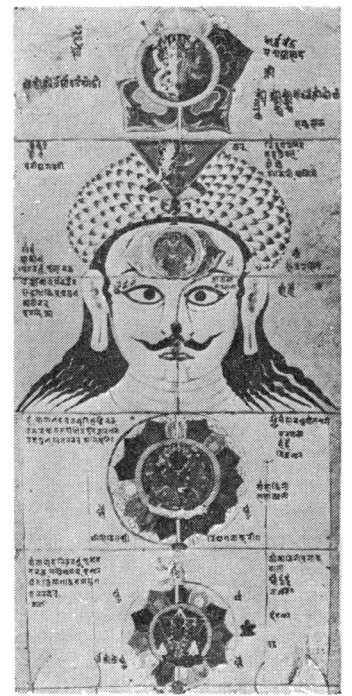

《인체의 챠크라》
네팔, 17세기, 종이에 안료.

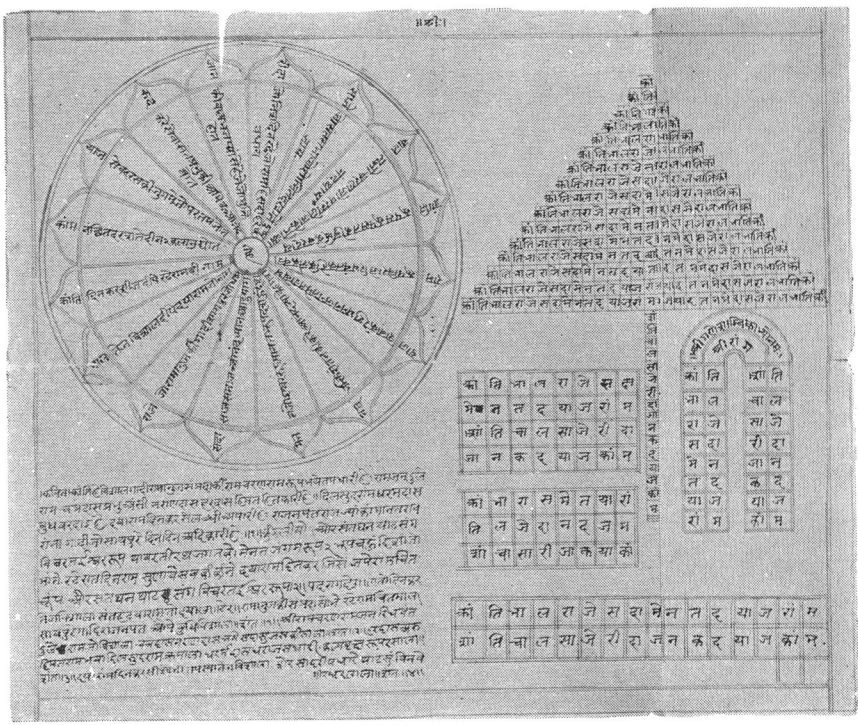

《명상과 예배를 위한 산스크리트어 알파벳 문자》
라쟈스탄 지방, 연대미상, 종이에 잉크와 수채.
고대 인도인은 신성한 음을 성스런 지식의 원천으로 간주해왔다. 신을 이해하기 위한 도형은 크고 작은 여러 가지가 있지만 최소 도형에서는 궁극적인 진실이 에너지의 진동으로써 파악된다. 이렇게 정확하게 구별된 글자 하나하나가 신으로 간주된다. 본도는 시적인 字句가 신의 상징으로서 매우 신비적인 순서로 배열되어 있음을 나타내고 있다. 이것을 보는 사람은 그 배열을 판독하고 정신집중에 의하여 진실을 직관해야 한다.

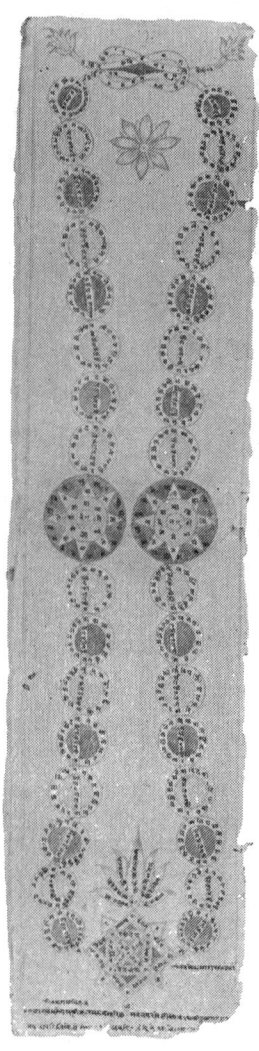

《바루나 마라, 명상할 때 활용하는 문자 테두리》
라쟈스탄 지방, 19세기, 종이에 잉크와 수채.
탄트라에 따르면 우주 전체는 진동의 그물코로 되어 있다. 진동하지 않는다든가 소리가 나지 않는다고 할 정도의 미세한 우주음이 우주의 진화, 붕괴를 유발시키는 원인이 되고 있다. 산스크리트어 알파벳은 우주 고유의 카테고리와 함께 우주원리의 완전한 합성合成을 나타내고 있다. 문자의 테두리는 정신집중의 초점으로 이용되며 의식 사이에 그 신비적인 음절은 지각을 강화시키기 위하여 소리내어 읽는다.

《微細身에 머무는 우주에너지〈군달리니〉를 그린 두루마리》
라쟈스탄 지방, 18세기경, 종이에 안료.
탄트라에 따르면 인체는 우주의 축도라고 보고있다. 인간을 둘러싼 광대한 우주에 있는 모든 것은 소우주로서 인간 자신 속에도 있다. 외계와 내부세계를 동일한 것으로 직관하는 최고 要諦의 하나는 〈군달리니 요가〉이다. 군달리니란 인체에 깃들어 있는 우주 에너지이며, 세 번 반 또아리를 틀고 있는 강력한 우주 에너지를 표현하는 뱀의 모습으로 묘사되고 있다. 〈군달리니 샥티〉 즉 에너지는 휴지 상태에서 눈 뜨고 다양한 의식의 단계를 거쳐서 인체내를 상승해간다. 그 기본적인 상징은 소우주로서의 인체내에 척추를 따라서 위치하고 있는 일곱가지 영혼 센터이다. 에너지의 상승은 상징적인 연꽃 형태로 나타난다. 여러가지 의식의 국면은 지배신, 만트라, 우주의 요소, 동물의 기호 등이 기록된 연꽃 모양의 챠크라로서 묘사된다. 본 그림은 군달리니를 도형화한 것. 척추의 기저에서부터 정수리로 상승하여 그곳에서 최종적으로 신과 결합하는 모습을 도해한 것. 군달리니 요가 행법을 통하여 명상 가운데에 생겨나는 영혼의 흐름은 내부우주와 외부우주를 합체시키면서 무한으로 연결된다. 그것은 연꽃 모양으로 상징되는 소우주의 중추를 연결하여 두루마리 그림의 중앙에 그어진 선에 의해서 상징적으로 표현되어 있다.

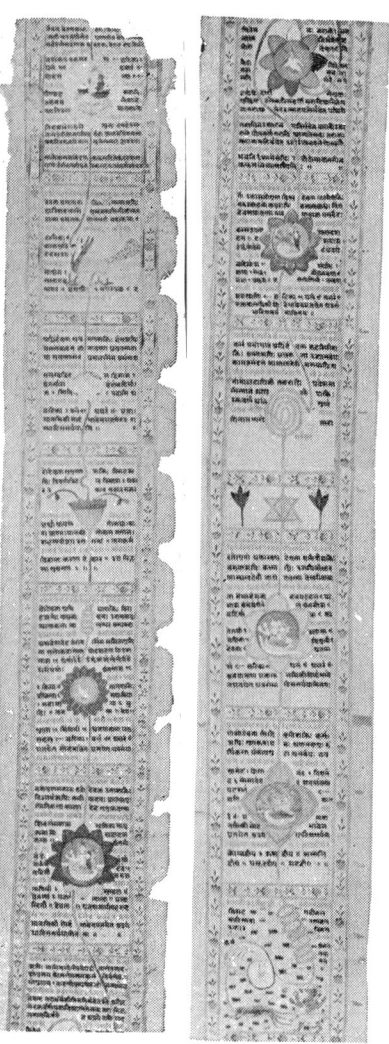

얀트라와 만다라

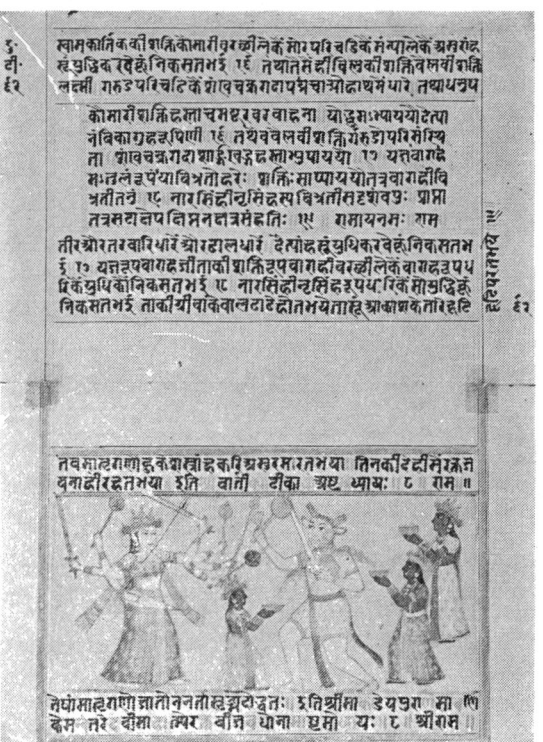

《마르칸디야 푸라나의 삽화를 그린 채색사본》(제16권–19권 8장) 라쟈스탄 지방, 18세기경, 종이에 안료.
숭고한 에너지, 뛰어난 여신 데비 두르가의 영예와 승리를 상세하게 기록한 방대한 사본의 일부. 성전 속에서 여신은 우주의 여성원리로서 또한 궁극적인 진실 그 자체로서 우주의 일부라고 생각된다. 산스크리트 문학에서는 특히 시적 가치가 높은 작품으로 여신의 진리인 신성한 힘과 악마를 표시하는 허위 및 암흑의 사악한 힘과의 우주적인 투쟁을 빈틈없이 묘사해내고 있다. 사악한 힘은 정신적인 질서에 도전하여 싸움을 걸고, 여신은 힘을 다하여 악마를 쳐부순다. 이 그림은 행운의 상징을 손에 든 여신에게 대항하는 악마를 그리고 있으며, 그녀의 분신인 여신들이 악마를 둘러싸고 있다.

《신비한 인체의 생리기능》
라쟈스탄 지방, 18세기, 종이에 안료.
탄트라의 사상에 따르면 인체는 우주의 불가사의를 그대로 내부에 간직한 축도이다. 이 육체조직은 무한한 생명력과 활력을 가진 소우주를 내장하고 있다. 이 그림은 미세한 일대 신경망과 영혼센터로 이루어진 소우주로서의 육체의 중추부를 그린 것. 인체에서 가장 중요한 부분은 척추의 기저부에서 정수리에 이르는 중심축으로 그 축 위에 영혼 센터의 자리 〈챠크라〉가 위치하고 있다. 영혼의 움직임을 깊이 이해함으로써 육체는 재활성화되고, 내적인 체험을 밑받침하는 기반이 된다.

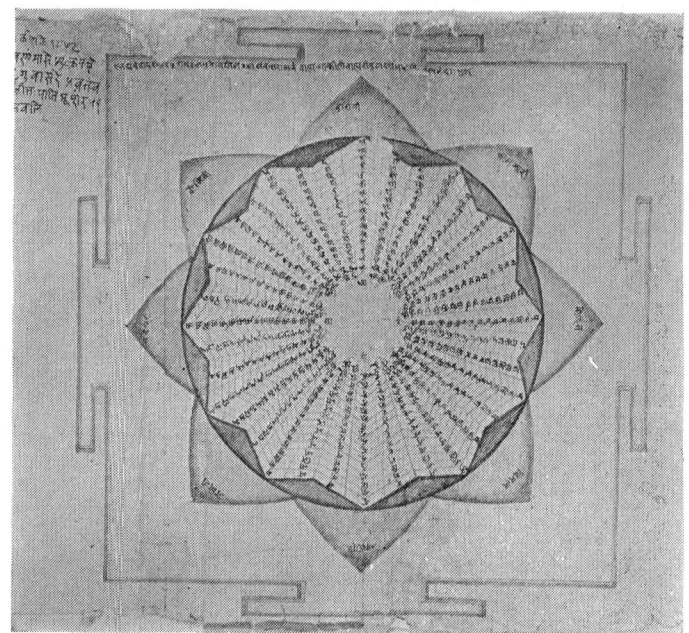

《마트리카 챠크라 얀트라》
라쟈스탄 지방, 18세기경, 종이에 잉크와 수채.
얀트라는 탄트라 의례와 명상 때에 정신을 집중시키는 수단으로 이용되는데, 본도는 입문자가 각자의 신을 불러들이는 도형의 중심부에 모든 에너지를 집중할 수 있도록 고안된 것. 모든 얀트라에는 신성한 음절 즉 만트라가 기록되어 있다. 이 얀트라는 우주의 音聲力學에 근거하여 세계의 탄생을 표시하고 있다. 탄트라에 따르면 우주 전체는 진동으로 만들어진 복잡한 거미집이지만, 산스크리트어 알파벳으로 표현되는 이들의 구분된 진언은 진동도 울림도 아닌 音帶를 이루고 있다. 이 우주가 남성원리와 여성원리 즉 시바와 샥티의 결합에서 비롯된 것처럼 음의 역학에 있어서도 두 원리는 기본적인 상징으로서 시바가 자음을 나타내고, 샥티가 모음을 나타내고 있다. 이것은 모든 알파벳이 우주의 카테고리와 함께 두 가지가 한 가지로 결합해가는 것을 나타내고 있다. 행자의 기본적인 목표는 모든 문자에 정신을 집중시켜서 자신과 전체와의 결합을 직관하는 것이다.

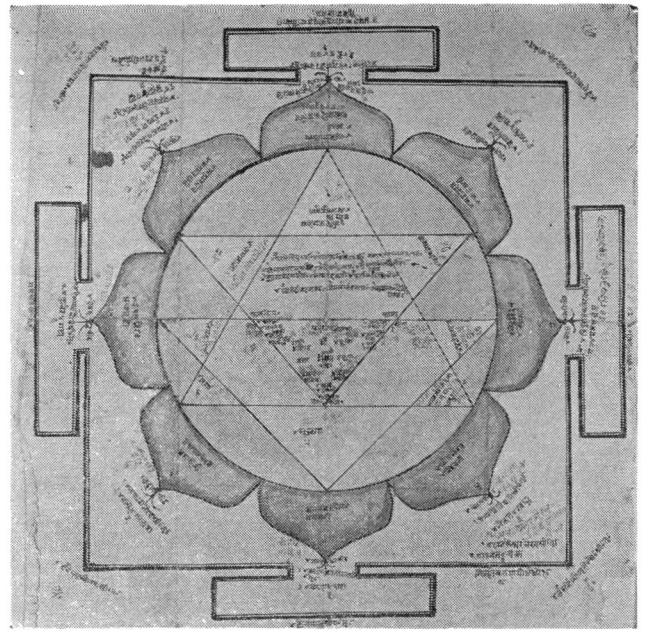

《우주의 여성원리 샥티에 바쳐진 탄트라 그림》
라쟈스탄 지방, 18세기경, 종이에 안료.
탄트라의 신은 모두 圖像 혹은 얀트라와 같은 추상적인 기호를 통하여 명상할 수 있다. 얀트라의 각 부분은 우주 전체의 모습을 전달할 수 있도록 제작된 깊은 철학을 간직한 상징 세계이다. 본도의 얀트라는 9개의 삼각형으로 이루어진 9개의 우주적 자궁을 상징하고, 남 녀 두 원리가 합체되어 창조되는 우주의 원시적인 카테고리를 나타낸다. 하향의 삼각형은 우주의 여성원리를, 또 상향의 삼각형은 남성원리를 나타내며 이들이 결합하여 매우 다양한 세계를 만들어낸다. 산스크리트어인 진언 만트라는 내면의 정신집중에 의하여 음이 형과 연결되는 초점이고 얀트라의 각 부분은 명상에 의하여 불러낼 수 있는 신의 자리이다.

《가야트리 얀트라》
라쟈스탄 지방, 18세기경, 종이에 안료.
여신 가야트리는 생명과 에너지와 창조의 상징으로 그녀의 이름이 붙은 만트라(眞言)의 효과를 높인다. 〈가야트리 얀트라〉는 힌두교 얀트라 가운데 가장 유명하고 베다 시대부터 신앙되었다. 그 우주의 힘을 나타내는 신비적인 시 구절의 기원은 축복을 내려주는 태양신에 대한 기도의 표현. 본도에서는 다면여신상이 24개의 만트라가 기록된 추상적인 기호를 동반한 얀트라와 함께 그려져 있다. 여신 만트라의 각 음절은 우주의 카테고리를 나타낸다. 이 여신을 예배하는 것은 연속된 동심원의 연꽃을 명상하면서 인간의 의식을 높일 수 있기 때문이다. 만트라의 기본진동은 형과 의식 쌍방에 관련되어 있고 리듬과 그 목적에 따라서 발음하여 초인간적인 상태를 가져온다.

《라마 링고트 바드라 만다라》
라쟈스탄 지방, 18세기경, 종이에 잉크와 채색.
한 변이 52개인 격자 바둑판 눈금은 서사시 《라마야나》의 위대한 영웅이고 비쉬누신의 일곱 번째 화신이라고 보는 라마왕을 상징하고 있다. 이 추상적인 기호에는 라마라는 이름이 격자눈금 모양 속에 16개 씌어져 있다. 그것은 왕의 권력과 위대함을 나타내는 표시이다. 이 도형을 이용하여 명상하면 라마왕을 불러낼 수 있다. 이 도형은 일상의례에서는 때로 길조를 나타내는 상징으로 쓰이기도 한다.

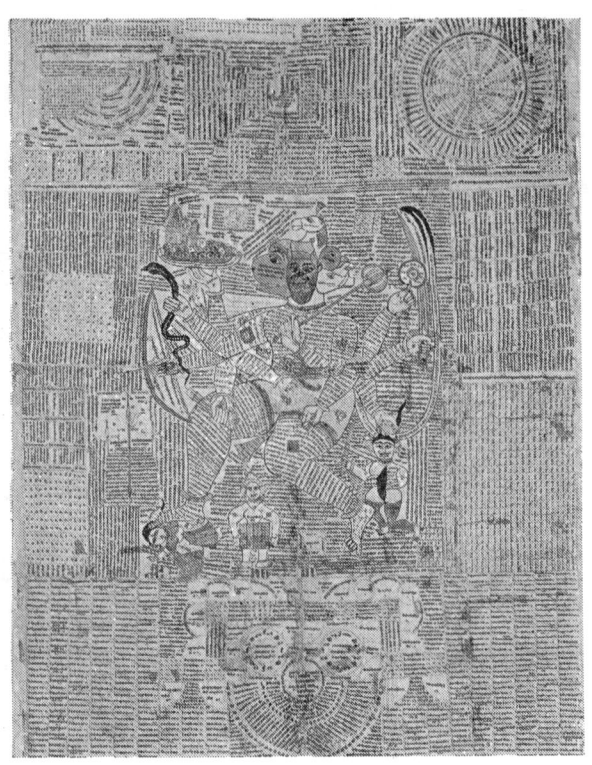

《하누만 얀트라》
라쟈스탄 지방, 18세기 후반, 종이에 잉크와 수채.
산스크리트 문자와 기호로 된 위대한 猿王의 그림. 하누만이 수호신으로서 숭배되었던 것은 그의 전신이 우주 에너지를 상징하고 있으며 기본적인 에너지를 만들어내고 대자연의 물질의 힘을 지배하고 있기 때문이며 그 힘은 비할데없이 강하다. 서사시 《라마야나》 가운데에서 원왕 하누만이 초자연적인 힘을 가지고 용맹을 떨치는 것처럼 본 그림에서는 약초를 구하러 카이랏사 산에 도착한 하누만이 그를 방해하는 두 마리의 악마를 밟아누르고 있다. 그의 육체에는 종자 만트라〈람〉, 즉 불(火)의 기호가 그려져 있는데 이것은 하누만이〈불〉과 같은 성격으로 대자연을 정복하는 힘이 있기 때문이다.

《하누만 얀트라》
라쟈스탄 지방, 18세기 후반, 종이에 잉크와 수채.
猿王 하누만은 《라마야나》에서도 라마왕의 협력자로서 중요한 역할을 담당하는데 그는 스스로도 猿神으로서 찬양하며 5개의 얼굴과 10개의 팔을 가진 모습으로 그려진다. 5개의 얼굴은 그의 우주로서의 움직임, 즉 보호하는 힘, 분해하는 힘, 심신의 질환을 고치는 힘, 사악을 떨쳐버리는 힘, 신자의 두려움을 제거할 수 있는 힘을 상징적으로 표현한다. 이 그림은 점보Jumbo판 寓意畵《파타카》로서 알려져 있고 그의 초자연력의 증거인 산스크리트 문자로 가득 채워져 있다.

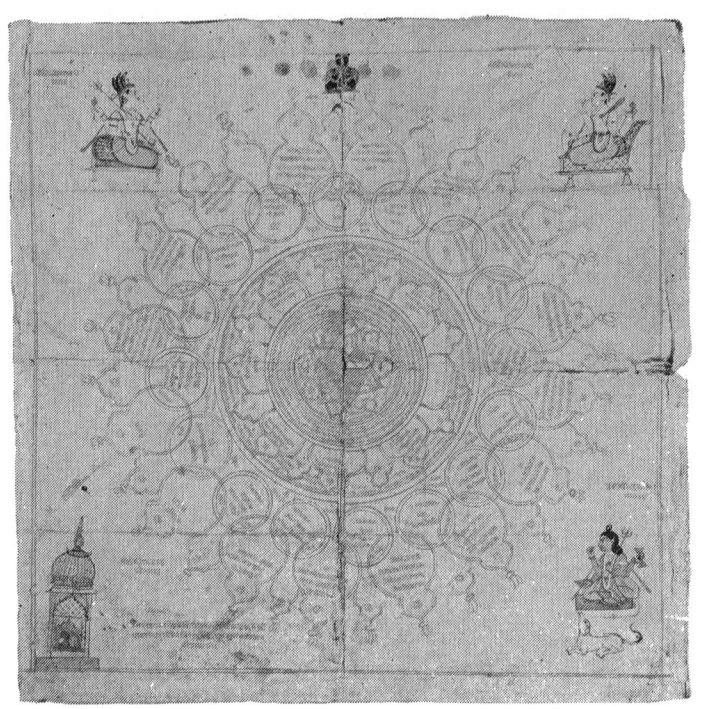

《명상을 위한 만다라 그림》
라쟈스탄 지방, 19세기경, 종이에 안료.
《만다라》는 탄트라의 명상이나 의례에 활용되는 그림이고 탄트라의 신들은 모두 그 그림상의 모습 혹은 얀트라나 만다라와 같은 추상도형을 통하여 명상의 대상이 된다. 도안의 각 부분에는 각각 깊은 철학적인 상징주의가 있고 우주 전체의 비전을 표현하려는 의도가 엿보인다. 중심은 주존여신의 신성한 자리이다. 거기에서 여신은 성스러운 남성원리와 결합한 채로 불러일으켜진다. 중심의 주변에는 각각 고유의 만트라나 신성한 음절이 기록된 에너지 회로가 바깥쪽을 향하여 퍼져가고 있다. 음절의 하나하나는 우주적인 카테고리의 상징인데 그림 그 자체는 우주의 비전 전체를 표현한 것. 수행자는 주변에서부터 중심으로, 또 중심에서 주변으로 하나하나의 도형을 명상하고 기호의 각 부분을 정신집중을 위한 방아쇠로서 이용한다.

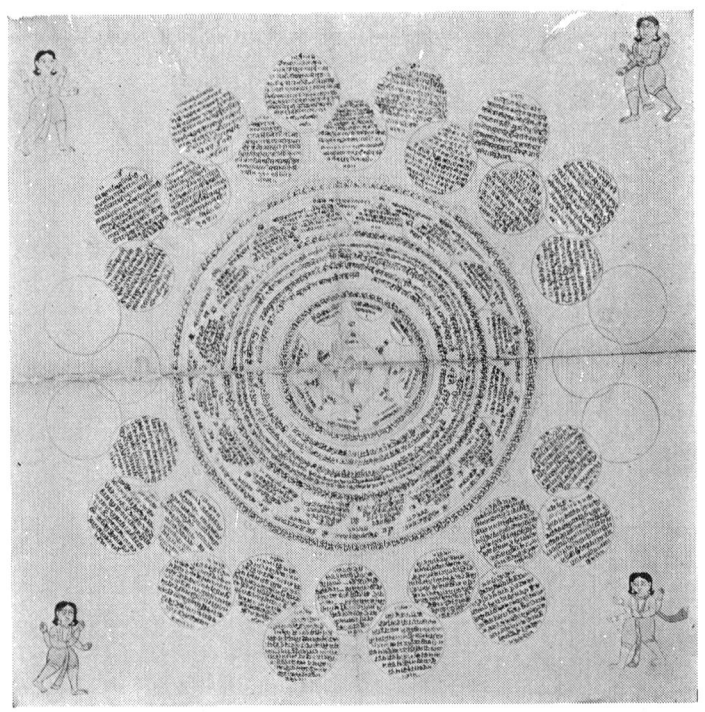

《데비 만다라》
라쟈스탄 지방, 19세기경, 종이에 안료.

《명상중인 성자를 묘사한 자이나교의 만다라》
구자라트 지방, 18세기, 종이에 안료.
자이나교의 성자는 완벽한 인간으로서의 자질을 전부 갖추고 있다고 한다. 즉 모든 집착이나 속세의 욕망에서 해방되어 성자 최고의 이상을 표현하고 있기 때문이다. 수행자는 만다라의 사방의 문에 그려진 4체의 신을 명상하면서 성자의 자질이나 덕망을 불러일으켜 성자와 동화되려고 한다. 게다가 성자상은 단지 초상이라기보다는 그 자질을 집결시킨 상징으로서의 역할을 다하고 있다.

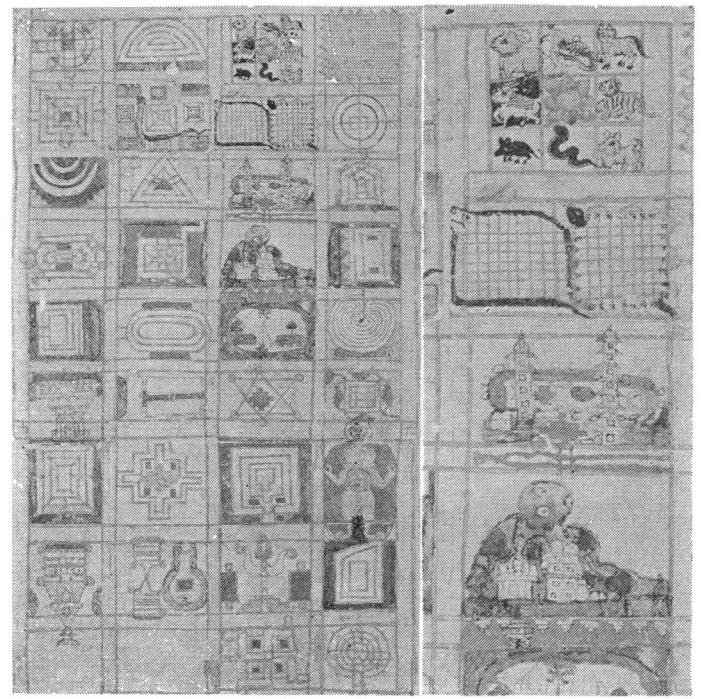

《상징과 신비적인 얀트라 구성》
라쟈스탄 지방, 18세기경, 종이에 잉크와 수채.
얀트라 및 추상도형은 탄트라 의례나 명상에 폭넓게 이용할 수 있으나, 본래 영혼 얀트라는 개인을 정신적으로 충실하게 하기 위하여, 신비 얀트라는 세속적인 이익을 위하여 이용 되었다. 이 추상도형은 때와 장소에 따라서 다양하게 분류되어 사용되었다. 어떤 도형이 정신집중을 고양시킬 수 있는 힘을 가졌다고 한다면 다른 도형에는 주력呪力을 실현시킨다든지 병을 예방한다든지 하는 세속적인 이익을 주는 힘이 있다. 주술 의례의 이론은 전체가 신비적인 얀트라에 의하여 활성화된 呪力이 미친다고 하는 신앙에 기인하고 있다. 신비 얀트라는 실용 주술로서 농촌생활에 중요한 역할을 담당하며, 생생한 전통을 남겨왔다. 그 기하학적인 추상도형은 기호의 아름다움을 더해주며 신비 얀트라에 영혼적인 면의 진실을 채워주고 있다.
(圖版右는 부분적인 확대도)

《바즈라바라히 만다라》
라다크 지방, 18세기, 티완寺 勤行堂의 벽화.
바즈라바라히란 암퇘지를 신격화한 힌두교의 신을 불교화한 것. 중존 및 네 불타 모두가 여존이다. 제1重은 중존을 둘러싸고 聖甁을 놓은 4장의 꽃잎이 사방에 나온 圓形. 제2重은 2종의 정삼각형을 서로 반대의 방향으로 구성하였는데 힌두교의 얀트라 영향을 받은 것 같다. 네 불은 보통의 4색이다. 두 개의 卍자와 여섯 개의 소용돌이가 배치되어 있으며, 外輪은 묘지를 표현하고 있다.

《生死輪廻圖》
라다크 지방, 틱세寺, 15세기, 벽화

《寶生如來 만다라》
라다크 지방, 알치寺, 11세기, 벽화.
中尊은 보생여래로 與願印을 맺고 있다.

《惡趣清淨 만다라》
라다크 지방, 알치寺, 11세기, 벽화. 中尊은 黃色의 석가여래로 轉法輪印을 맺고 있다. 일명 八佛頂 만다라라고도 부른다.

《無量壽如來 만다라》
라다크 지방, 알치寺, 11세기, 벽화.
中尊은 赤色의 무량수여래로 禪定印을 맺고 있다.

《降三世 만다라》
라다크 지방, 알치寺, 11세기, 벽화
中尊은 靑色裸形의 降三世로 왼쪽 다리로 펼친 자세.

《大日如來 만다라》(전체)
라다크 지방, 알치寺. 11세기, 벽화.

탄트라

《大日如來 만다라》(부분)
라다크 지방, 알치寺, 11세기, 벽화.
中尊은 四面으로 智拳印을 맺고 있는 大日如來.

《티벳 태장 만다라》
극소수의 티벳의 태장 만다라 가운데 하나로서 이것은 티벳의 고르寺에 비장되어 있음.

《칼라챠크라 만다라》
전체가 三密을 상징하는 삼중누각으로 되어 있다. 수많은 티벳 만다라 중에서 가장 규모가 크다.

《티벳의 금강계 만다라》
사캬派의 사찰 고르寺.

《티벳의 모래(砂) 만다라》
만다라는 본래 채색된 모래를 이용하여 단상에 그리고, **修法**이 끝나면 파괴한다. 그러나 모래 만다라는 제작도 힘들고 운반이 불가능하기 때문에 점차로 벽화나 축장**軸裝** 만다라가 주류를 이루게 되었다.

《일본의 태장(계)만다라》
금강계 만다라가 함께 京都의 東寺에 전해진 것으로 平安時代 초기의 대표적 만다라.

《일본의 금강계 만다라》

《반야보살의 眷屬》
라다크 지방, 알치寺, 11세기, 벽화.

《문수보살 千體佛》
라다크 지방, 알치寺, 11세기, 벽화.

《바즈라 바라히 만다라》
라다크 지방, 휘안寺, 18세기, 벽화.

5 신체의 일곱가지 정신센터

앞에서도 말했듯이 인간은 육체라는 구조에 우주의 미세한 일면을 간직하고 있다고 생각할 수 있다. 결국 인간의 육체 안에는 아주 작은 우주를 이루는, 마찬가지의 〈에테르상狀을 그대로 닮은 인간〉이 있다고 해도 좋을 것이다. 그것을 〈미세신微細身〉이라 부른다. 눈에 보이지 않는 이 미세한 용기容器는 정신면에서 인간의 육체와 연관되어 있다.

눈에 보이지 않는 또 하나의 육체에는 수많은 에테르 회로가 있고 그것은 운동이나 진동을 의미하는 산스크리트어의 nad가 어원인 〈나디〉로 알려져 있다.

그 중에서도 가장 중요한 것은 달月의 회로인 〈이다〉, 태양의 회로인 〈핑갈라〉, 그리고 중심의 미세한 회로 〈스쉼나〉이다. 이 스쉼나 회로 안에는 또 두 개의 회로 〈바즈라〉와 〈치트리니〉가 있고 이들 회로를 통하여, 〈에너지 군달리니〉가 상승함으로써 인간은 해탈에 이르게 되는 것이다.

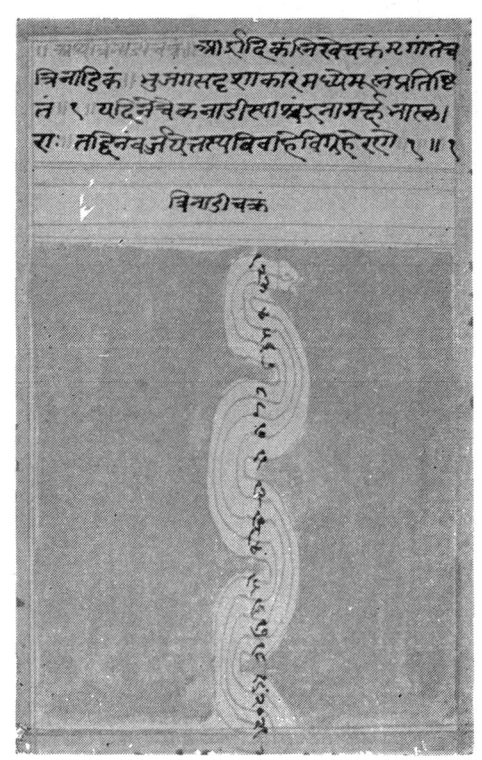

이러한 미세한 기도회로氣道回路와 인체 각부를 동일시하려고 하는 시도가 옛부터 있었지만, 인체를 정밀하게 관찰하더라도 자료를 찾아내는 일은 불가능하다. 그러나 이 회로를 지닌 육체를 우리들의 눈으로 볼 수 있다면 아주 고도의 수법으로 구성된 해류도海流圖와 같은 모습으로 나타날 것이다.

눈에 보이지 않는 육체 좌우 양쪽에 있는 〈이다〉와 〈핑갈라〉라는 두 가지 기도氣道는 이원론二元論을 표현한 것이라고 말한다.

수행자가 이 두 가지 기도氣道의 움직임을 멈추면 중심기도中心氣道인 스쉼나 회로를 통하여 군달리니가 상승한다. 그리고 백색의 달인 이다 회로와 붉은 태양인 핑갈라 회로라는 두 가지 주요 기도氣道 속을 두 개의 힘이 영혼 에너지로서 척추의 기저에 있는 회음부會陰部로부터 신체 상부로 흘러간다. 결국 두 개의 힘은 불과 같은 색을 띤 스쉼나 회로의 양쪽을 각각 반대 방향으로 돌고 한쪽 스쉼나 회로는 척추 중심을 굴 모양으

《에너지波의 회로》
라쟈스탄 지방, 19세기, 종이에 잉크와 수채.
탄트라의 가르침에 따르면, 인간의 육체는 미세한 신경조직[氣道網]과 중추부(센터)로 이루어진 우주의 축도라고 생각할 수 있다. 이것은 요가 행법의 기본이다. 방대한 수의 미세한 신경조직 속에 중요한 기도가 척추에 연해서 세 가지 있다. 이 그림은 척추의 정교한 회로에 따라서 상하로 이동하는 에너지의 흐름을 표시하고 있다. 위쪽의 숫자는 명상의 도중에 에너지가 되어 동화되는 우주적인 카테고리의 기호.

로 지나 미간에서 이다와 핑갈라 회로와 만난다.
  이 스쉼나 회로는 잠자는 에너지 군달리니가 눈뜨지 않는 한 하부가 닫혀진 상태이다. 이 단계에서 군달리니는 스쉼나 회로의 출입구를 덮고 있는 셈이다. 군달리니의 잠자고 있는 힘을 일깨워 그것을 차차 보다 높은 영혼중추로 이끌어냄으로써 방사放射되는 에너지는 변화하고 승화된다. 그리고 이어서 〈사하스라라 챠크라〉의 자리인 최고의 정점 브라흐마란다라에서 순수한 의식인 〈시바〉와 맺어진다. 이것이 〈군달리니 요가〉가 지향하는 바이고 목적이다.
  탄트라의 기술에 의하면 성전에 따라 수에 다소 차이가 있지만, 영혼중추는 여섯 개가 있다고 한다. 인체에 있는 연꽃과 비슷한 여섯 개의 주요한 영혼 센터 척추 기저에 있는 〈물라다라 챠크라〉를 비롯하여 생식기 근처에 있는 〈스바디스타나〉, 배꼽 부분의 〈마니푸라〉, 심장 근처의 〈아나하타〉, 목 주변의 〈비슈다〉, 미간에 있는 〈아즈냐〉 등의 챠크라이다. 제7번째의 〈사하스라라 챠크라〉는 정수리에 있는 네 개의 손가락 넓이 정도의 〈1천 개의 꽃잎으로 된 연꽃〉이다.
  이것이 다시 말하면 〈군달리니 샥티〉가 순수의식 〈시바〉와 만나는 브라흐마란다라라는 장소인 것이다.
  이들 꽃잎은 산스크리트어의 모든 문자로 표현되는 음의 가능성을 완

전히 축도한 것이다. 그곳에는 동시에 모든 색채가 있고, 모든 감각, 모든 기능이 포함되며 힘이 응집되어 있다. 1천 개의 꽃잎이 달린 연꽃이 거꾸로 모양을 취하고 있는 것은 우주의 광채가 미세한 육체(微細身)로 쏟아져 내리는 모습을 상징하며, 〈사하스라라〉는 모든 양극단이 그곳에서 하나로 되는 경험을 맛볼 수 있는 지고한 의식의 중심이 되고 있다.

바로 여기에서 군달리니는 여섯 개의 챠크라를 도는 순회를 마치게 된다. 그러면 그 순간, 그 중심에서 모든 차원次元의 벽이 무너지고 윤회를 넘어선 역설적인 초월이 〈시간을 떠나서〉 완성된다.

군달리니가 잠을 깨고 챠크라를 통과해갈 때에는, 심한 열이 발생된다. 군달리니가 상승하면 육체의 하부는 차갑게 그 활력을 잃는 한편 군달리니가 통과하는 부분은 불길처럼 뜨거워진다.

이처럼 챠크라가 차차 유동됨에 따라서 보다 미세한 단계의 문이 열릴 뿐만 아니라 챠크라에 집중되는 모든 힘과 에너지가 행동의 형태로 발산된다. 군달리니 요가는 물질이 정신화되는 과정이고, 일체를 초월한 경험을 이해하기 위한 내면으로의 여행인 것이다. 이와같은 〈행行〉을 완수했을 때 그것을 완수한 최초의 징후가 나타나게 된다. 즉 얼굴은 태양처럼 빛나고, 육체는 고요하게 가라앉고 스스로 조화를 이루어 우주와 일체화된 리듬과도 조화를 이루어간다.

《종자음을 표현한 그림》
채색사본의 일부. 네팔, 18세기, 종이에 잉크
종자음은 미세한 기관 속의 에너지의 흐름을 제어하는 역할을 한다.

챠크라는 영혼 에너지와 육체의 움직임이 합치되고 침투되어 만나는 중심이다. 챠크라 안에서 우주와 영혼 에너지는 최후에는 서로 융합되고 영혼의 힘으로 변하기도 하는 육체적인 성질의 결정結晶이다. 잠에서 깨어난 군달리니가 상승하여 연꽃으로 상징되는 특별한 챠크라에 도달했을 때 이 연꽃은 벌어진 꽃잎의 모양으로 된다. 한편으로는 챠크라의 에너지와 다른 모든 힘이 군달리니와 합쳐진다. 군달리니가 제일 위의 챠크라에 도달하면 곧 연꽃의 꽃잎은 오므라들고 시들어버린다.

이 군달리니가 상승하여 순수하고 완전한 경험의 시작이라고도 할 수 있는 여섯번째의 챠크라 〈아즈냐〉에 이르기 전까지는 인간은 상대적인 세계로부터 완전히 해탈할 수가 없다. 미간에 있는 이 여섯번째의 챠크라에 있어서 사람은 자신을 버리고 이원성二元性의 종자種子를 불태워버린다. 보다 높은 자아는 보다 낮은 자아가 변형된 것으로부터 진화한다. 그것은 순수한 의식을 갖고 살아갈 수 있는 초월적인 〈재생〉이라고 하겠다. 여섯번째의 중심은 일곱번째의 사하스라라에 있는 1천 개의 꽃잎을 가진 연꽃의 힘

《精神的 에너지인 7개의 챠크라》

물라다라 챠크라

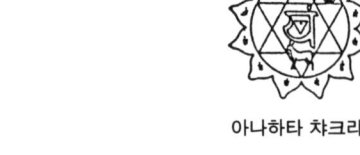
아나하타 챠크라

아즈나 챠크라

사하스라라 챠크라

마니푸라 챠크라

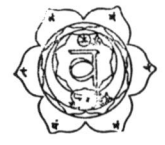
스바디스타나 챠크라

비슈다 챠크라

을 발휘시키는 열쇠이다.

　마지막으로 군달리니는 그 꽃잎의 챠크라까지 상승하여 〈시바〉 즉 절대자와 합일한다. 이렇게 하여 수행자는 초월적인 경험 속에서 시바 샥티와의 합일을 이루고, 우주적인 인간이 된다. 앞에서 서술한 챠크라는 연꽃으로 비유 표현되며, 그 챠크라 하나하나는 색채와 관계가 있다. 꽃잎의 숫자는 각각의 챠크라의 진동수를 가리키고 있다. 〈챠크라〉라는 말은 산스크리트어로 〈차바퀴車輪〉를 의미하고 있는데 그 중심은 에너지가 어떤 진동수로 소용돌이치는 중심부로 보아도 좋을 것이다. 초기에 그려진 소용돌이 모양의 그림은 연꽃이나 비유적인 영상이라기보다는 에너지의 소용돌이로서 챠크라가 많이 그려져 있다.

　에너지가 가장 기저를 이루는 챠크라의 중심에서는 진동저항이 크고 꽃잎도 겨우 4장 정도이다. 그러나 상승하게 되면 진동수는 점차로 증가된다.

　꽃잎에 새겨진 산스크리트어는 단지 알파벳의 상징으로서만이 아니고 음의 진동을 표시하는 것으로서 또는 각 챠크라에서 활동하는 에너지량의 변

《에너지의 군달리니 모양》

화를 나타내는 것으로 볼 수 있다. 마찬가지로 챠크라와 관련되는 색은 각각 챠크라의 진동수와 일치하고 있다.

　연꽃이 무엇을 상징하고 있는가에 대해서는 몇 가지 해석이 있다. 연꽃의 움직임을 설명하는 한 가지 해석은 「연꽃을 덮고 있는 베일이 제거될 때 연꽃은 안쪽에서부터 개화한다」는 것이다. 이는 에너지가 점차 단계적으로 올라가는 상승운동의 모습을 보여주고 있다. 각각의 꽃잎은 인간의 자질 혹은 지성이 깨어가는 것을 의미하며 최후로 1천 개의 꽃잎으로 된 연꽃, 즉 〈사하스라라 챠크라〉에 의하여 상징되는 것은 정신적인 고양이 절정에 이르는 것을 표현한다. 미세한 신체 속의 연꽃 형태는 본질적으로 근육지각筋肉知覺의 크기를 보여주고 있다. 각각의 챠크라의 연꽃 형태는 대개 에너지의 흐름을 의미하는 나선상螺旋狀의 심벌과 함께 상징적으로 그려진다. 이러한 연유로 연꽃도 나선상도 모두 운동의 상징이 되는 것이다.

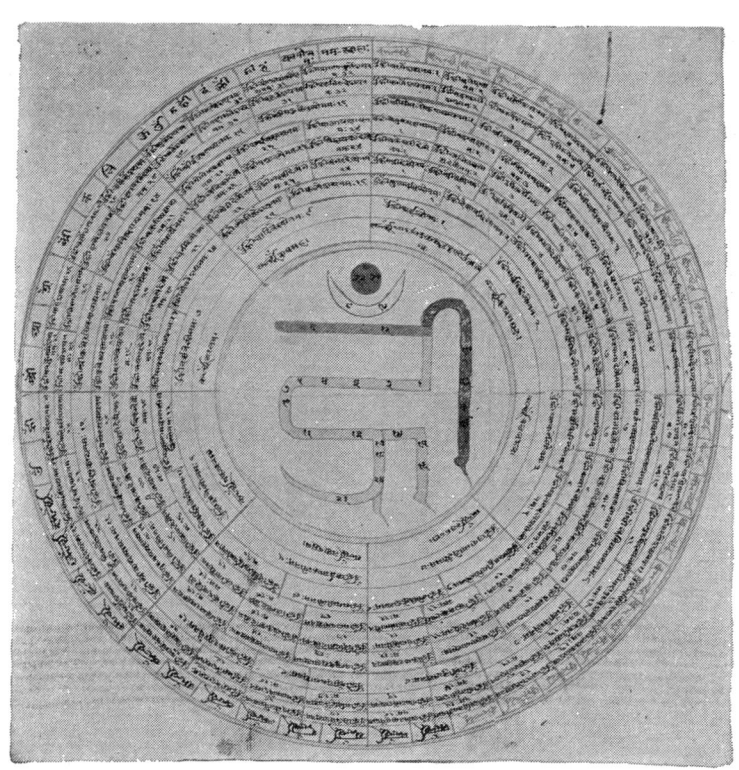

챠크라에는 각각 닮은 꽃잎이 있고, 각각에 대응되는 색채가 있다. 물라다라는 4개의 꽃잎을 가진 붉은색의 연꽃, 스바디스타나는 6개의 꽃잎을 가진 주홍색의 연꽃, 마니프라는 10개의 꽃잎을 가진 푸른 연꽃이다. 아나하타는 12개의 꽃잎을 가진 황금색 연꽃이고 비슈다는 어두운 보라색의 16개 꽃잎을 가진 연꽃, 아즈냐는 백색의 꽃잎이 2개인 연꽃, 맨 위의 사하스라라는 1천 개의 태양의 광휘光輝를 간직한 1천 개의 꽃잎으로 된 연꽃이다. 물라다라에서 아즈냐까지의 각각의 챠크라는 대지大地로부터 에테르靈氣에 이르기까지 일정한 생명활동의 형태와 대응되어 있다. 군달리니는 상승할 때 연꽃을 피게 하고 이 연꽃이 갖는 잠재적인 에테르를 전력을 다하여 끌어내려고 하는 것이다.

연꽃은 또 우주 어느곳에나 있는 미세한 요소인 우주공간을 나타내고 있다. 이 우주나 의식도 실은 무한하고 본래는 동일한 것이었다. 자신의 바깥

《단음절 종자 만트라 〈훔〉이 있는 챠크라》
라쟈스탄 지방, 18세기경, 헝겊에 잉크와 수채.
〈종자만트라〉에 의하여 표시되는 것은 기본적으로 신을 음성화한 것이다. 이와같은 만트라는 음성적으로 상징적인 신의 힘을 표현한다. 중앙에 기록된 이 종자만트라 〈훔hum〉은 지고의 여신, 즉 우주의 여성 에너지인 〈사상이라는 형상〉이다. 그것은 또 모든 진동의 모태이며, 훨씬 큰 동심원을 이루는 만트라에 둘러싸여 있다. 이 진동 만다라와 만난 여신은 명상이나 정신집중의 행법을 통하여 나타나게 된다. 이 음성 도식은 주로 신의 형상을 에너지로서 내재화시키는 역할을 한다. 정신적인 지각을 높이면서 만트라를 반복하여 암송하면 정신집중이나 깨달음을 얻는 데 도움이 된다.

쪽에 있는 우주공간의 광대함을 깨달았을 때 수행자는 동시에 연꽃으로 상징된 마음 속의 광대한 우주공간을 경험하게 된다. 상징으로서의 연꽃처럼 군달리니의 나선형의 계단은 정신의 상승을 나타내고 있다. 여성 에너지의 흐름이 사물을 탄생시키는 소용돌이가 되어 계단을 올라갈 때는 천천히 물결치는 나선형을 취하는데 그것은 대우주의 리듬이 소우주에 반영된 것으로서 육체 내부의 군달리니가 편력하는 과정중에 투영되고 있는 까닭이다.

일곱 개의 챠크라 및 음·색·형·의의意義·기능과 그들 챠크라와의 상징적인 내부관계는 탄트라 속에 폭넓게 서술되어 있다.

〈물라다라 챠크라〉는 영혼의 경험에 있어서 근간根幹이 되는 중심이고, 챠크라에는 네 개의 빨간 꽃잎이 있고 그 종자 만트라인 〈람lam〉을 가진 대지의 요소를 나타내는 노란 사각형 속에 v·ś·ṣ·s의 금색 산스크리트 문자가 기록되어 있는 것으로 보인다. 이 사각형의 중심에 한 개의 역삼각형

이 있고 그 속에서 세 둘레 반으로 감긴 신비한 사蛇 군달리니가 〈스바얌부링가〉 즉 본원本源이 되는 링가를 둘러싸고 황홀하게 잠자고 있다. 이것은 군달리니가 아직 잠깨지 않은 정지된 상태를 나타내고 있다. 이 챠크라는 거대한 물체의 응집력, 활동적 요소, 후각 따위에 관련되어 있다. 이를 동물로 표현하면 코끼리이다. 이 챠크라의 주재신主宰神은, 여신 〈샥티〉인 다키니를 따르는 브라흐마신이다. 앞서 말한 네 개의 문자는 기본적인 진동을 나타내고, 생명의 숨결 〈아파나〉와 관계되어 있다.

〈스바디스타나 챠크라〉는 인간 각각의 개성을 만들어내는 장소이고, 군달리니가 상승하는 순서로는 두번째 챠크라이다. 이 중심은 생식기의 기저에 있고 여섯 개의 산스크리트어 문자, b · bh · m · y · r · l가 그려진 여섯 개의 주홍색 꽃잎을 가지고 있다. 과피果皮 속에 종자만트라 〈밤vam〉이 그려져 있는데, 그것은 반달 모양의 깨끗한 흰색이고, 물의 요소임을 나타내고

《훔 만다라》
자이나교의 만다라, 연대미상.
중앙에 있는 단음절인 종자만트라, 〈hum〉이 그려져 있고 그 위에 24명의 자이나교 성자상이 묘사되어 있다. 그 만트라는 올챙이 배 모양을 한 행운의 항아리 형태로 그려져 우주를 상징하고 또 그 주변을 긴 만트라 및 聖物의 상징이 둘러싸고 있다.

있다. 종자만트라의 정상에는 주재신 비쉬누가 위치해 있고, 그 옆에는 여신인 라키니 혹은 챠키니가 서 있다. 동물은 악어로 상징되고 챠크라는 감각이나 운동기관이나 호흡〈푸라나〉등을 지배한다.

〈마니푸라 챠크라〉는 배꼽에 위치해 있고, d·ḍh·ṇ·t·th·d·dh·n·p·ph의 문자를 갖는 열 개의 꽃잎을 가진 파란 연꽃이다. 연꽃의 중심에 아침 햇빛처럼 빛나는 빨간 삼각형은 불의 요소와 관련되어 있다. 그 종자만트라는 〈람raṃ〉이다. 이 챠크라의 주재신主宰神은 여신 라키니를 동반하는 루드라신이다. 이 챠크라는 감각·시각·눈·호흡·확대 등과 관계되어 있다. 동물은 수소[雄牛]나 숫양[雄羊]이다.

〈아나하타 챠크라〉는 심장의 위치에 있다. 챠크라는 금색 꽃잎에 씌어진 열두 개의 문자 k·kh·g·gh·ṅ·c·ch·j·jh·ñ·ṭ·ṭh를 갖는다. 그 중앙에는 칙칙한 색이 서로 조합된 두 개의 삼각형이 있고, 외생식

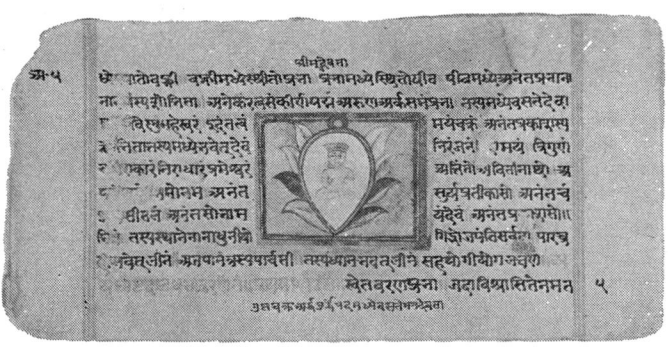

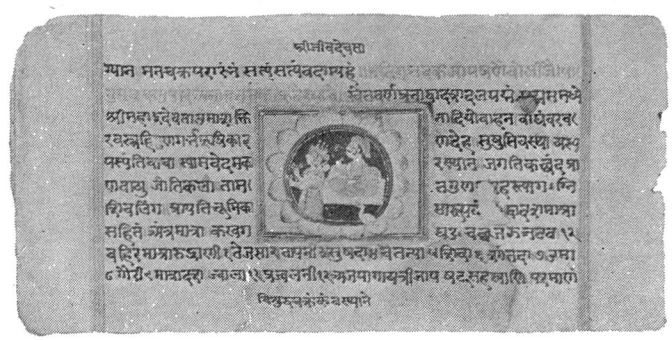

기外生殖器 〈바나 링가〉와 번개처럼 번쩍이는 또 하나의 금색 삼각형을 둘러싸고 있다. 이 챠크라는 에테르(風)의 요소와 관계가 있고, 이 두 개의 삼각형 위에 붉은색의 카키니 여신을 동반하는 주재신主宰神, 세번째의 이샤신이 있다. 그 종자만트라는 〈얌yam〉이고 촉각·호흡(푸라나)·현상의 움직임과 관계가 있다. 동물은 검은 영양羚羊이다.

〈비슈다 챠크라〉는 목 뒤에 있는 척추와 연수의 연결 부분에 위치하고 있다. 그것은 16개 모음 a·a·i·i·u·ū·r̥·r̥̄·l̥·l̥̄·e·ai·o·au·aṃ·aḥ의 문자가 씌어진 칙칙한 보라색을 띤 16개의 꽃잎을 갖고 있다. 그 하얀 과피果皮 속의 삼각형 옆에 있는 하얀 원 안에 종자만트라인 〈함ham〉이 씌어져 있다. 주재신은 사키니 여신을 동반하고, 반은 남성, 반은 여성의 모습을 한 사다시바로서 그 챠크라는 공空(에테르)의 요소와 관계하고, 청각이라든가 음에 관련된 현상공간을 지배하고 음은 목·호흡〈우다나〉와

《소우주로서의 육체에 있는 정신의 챠크라》
라쟈스탄 지방, 1820년대, 종이에 잉크와 안료. 산스크리트어 텍스트를 동반하는 채색사본.
소우주로서의 육체는 대우주에 연결되어 있는 영혼중추와 일대 회로망으로 이루어지고 그 중추는 〈군달리니 요가〉에 의하여 눈뜨게 된다. 그림은 미간에 있는 〈정신의 챠크라〉이고 눈뜬 인식력을 나타내며, 지배신이 꽃잎 위에 그려져 있다.

《목구멍의 챠크라》
同, 채색사본.
아래 그림은 주변에 있는 영혼중추를 그린 것으로, 16개의 꽃잎 받침이 있고, 의식을 고양시키는 기호로서 우주 최초의 진동과 연관되어 있다.

관계가 있다. 동물은 여섯 개의 코를 가진 흰 아이라바타코끼리이다.

〈아즈냐 챠크라〉는 미간에 있고 명상에 의하여 도달할 수 있는 갖가지의 정신집중 상태를 지배한다. 그것은 문자 ha·kṣa가 씌어진 두 개의 꽃잎을 가진 흰 연꽃이다. 그 중심에 종자만트라〈옴oṁ〉을 지닌 채색된 〈이타라 링가〉를 동반하는 흰 역삼각형이 있다. 그 주재신은 수호여신인 하키니를 동반하는 파라마 시바신이고, 마음의 여러 가지 인식능력에 관계되어 있다. 이 지점에서 처음으로 이원성二元性이 나타난다. 분리할 수 없는 연속된 한 개의 존재가 창조되기 위하여 결합과 분열이라는 방법으로 두 가지 형태를 취하고 표현된다.

〈사하스라라 챠크라〉는 앞에서도 말한 것처럼 정수리에 네 개의 손가락 폭 정도로 위치하고 있는 〈1천 개의 꽃잎이 달린 연꽃〉이다. 또 브라흐마란다라라고도 불리우며 군달리니 샥티와 순수의식 시바와 합치되

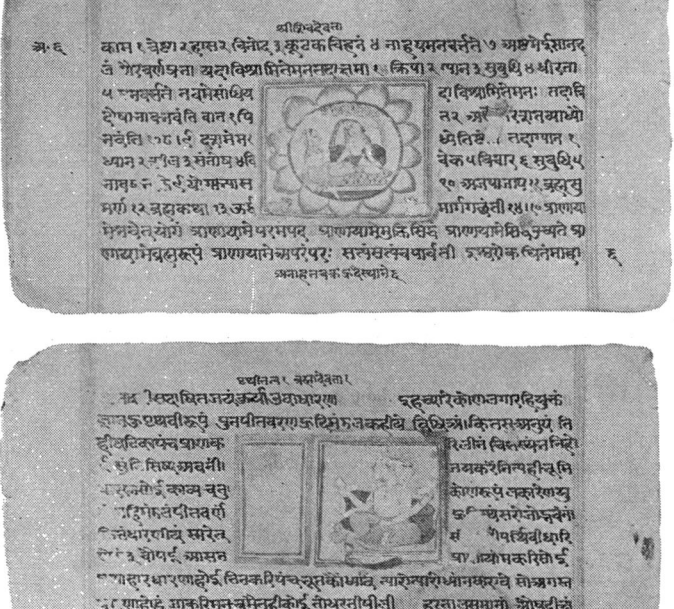

는 장소이다. 이들 꽃잎은 산스크리트어의 모든 알파벳 문자로 표현될 수 있는 음의 가능성이 함축된 완전한 축도縮圖로 되어 있다. 그것은 동시에 모든 색채를 가지고 모든 감각과 기능을 포함하며 그 힘 속에 모든 확산의 잠재성을 지니고 있다.

《심장의 아나하타 챠크라》
同, 채색사본.
여기서도 연꽃이 챠크라를 상징하고 꽃잎은 지배신, 만트라의 문자, 우주의 요소, 특정 색채와 연결되어 있다. 위 그림은 심장의 챠크라로 꽃잎 위에 둘이면서 하나가 되는 형상의 〈시바 샥티〉상이 그려져 있고 꽃잎이 영혼의 자각의 시초를 나타내고 있다.

《척추 기저의 챠크라》
同, 채색사본.
아래 그림은 항문과 생식기 사이, 회음부인 척추 기저에 있는 영혼중추로서 우주의 요소, 지구, 사각형으로 된 상징적인 표현이며 세계의 창조신인 브라흐마의 지배하에 있다. 수행자가 탄트라 요가 때 최초로 명상하는 것은 이 중추이다.

6 섹스와 요가

탄트라 사상이 다른 사상과 비교될 때 색다른 점은, 인간은 누구나 모두가 현재 살고 있는 현실세계로부터 벗어나지 못하고 살아간다고 믿고 있다는 점이다. 역으로 말하자면, 탄트라는 정신적이든 물질적이든 혹은 성性적이든 자신을 둘러싸고 있는 생활에 몰두하도록 우리들의 정신을 집중시킨다는 것이다.

탄트라에 따르면 「사람은 자신을 넘어뜨리는 상대를 이용하여 일어서지 않으면 안 된다」고 한다. 우리들을 얽어매고 있는 인간의 본성적인 측면 바로 그것이 사실은 해탈로 들어가는 디딤돌이 될 수 있는 것이다.

이러한 견지에서 보면 성적性的인 충동도 또한, 무한과 유한이 하나임을 보여주는 우주진리의 문을 열기 위한 방법인 것이다. 〈아사나〉 즉 요가의 자세를 취하고 남녀의 교합交合을 이룰 수도 있고 우리들은 환희를 만끽함과 동시에 거기에 따르는 여러 가지의 가능성에도 눈뜨게 된다. 교합交合의 순간에 남녀는 수행자로서 주변에 신경을 쓸 필요가 없다. 그 마음은 해탈을 염원하며 불타오른다. 섹스 에너지를 지속시키면 내면압

內面壓이 높아진다. 이렇게 섹스의 활력이 아주 강력한 잠재력으로 바뀌는 결과, 마침내 영혼이 해탈에 이르게 되는 것이다.

  요가의 여러 가지 체위〈아사나〉라는 것은 섹스의 에너지를 정신면에 충실히 활용할 수 있는 방법을 분명히 밝혀준다. 그것은 또 우리들에게 감각을 억누르는 것이 아니라 오히려 감각을 깊이 탐구하는 것을 가르친다. 향락주의에 뿌리박힌 인간의 쾌락을 추구하는 충동도 정신적인 경험으로 변화시킬 수 있는 것이다. 그렇기 때문에 온통 쾌락에 몸을 맡겨도 그것에 올바른 수법과 올바른 동기가 부여된다면, 그것 자체가 하나의 정신활동이라고 볼 수 있다. 이러한 이유로 탄트라의〈교합 요가〉의 행법도 요가의 한 종류이고 정신을 계발하는 방법이지만, 종래의 사고방식으로는 그것이 어떠한 형태이든 정신 발달을 오염시키는 장애물이라고 보여졌던 것이다.

  인간의 육체는 전체로서 분명히 생물로서의 움직임과 심리적인 움직임을 가지고 있으면서 우주의 힘이 자유분방하게 나타나는 하나의 도구가

《교합하는 육체 위에 선 마하비디야像》
캉그라, 1800년경, 종이에 안료.

되는 것이다. 물체에 관하여 탄트라적인 견해에 따르면 개인과 우주는 원래 하나이기 때문에 어떠한 개인이라도 한 사람 한 사람이 우주의 힘을 표현하고 있다고 말한다. 우주에 있는 것은 모두가 개개의 육체 속에도 깃들어 있다. 자신의 내부에서 서로 대립하는 것을 하나로 만듦으로써 개개 인간은 모든 경험을 조화시키고 그러한 이원성二元性을 극복하고 현상세계를 초월한다. 이 세계를 초월한 연결의 상징으로서 탄트라의 도형에는 남성원리와 여성원리 즉 〈둘이면서 하나가 되는 것〉의 정지 상태와 활동 상태가 그려져 있다. 그들은 맞닿을 수 있는 한 맞닿고 껴안고 있다. 이것은 두 개이던 것이 본래의 하나로 되어 서로 대립하는 힘이 전체로서 융합되는 것을 보여주고 있다.

인간의 육체는 대우주에서 볼 수 있는 모든 것과 대응되고 있다. 이것은 결국 인간 자신 속에서 모든 진실을 밝혀내려는 사고방법이다. 만약 신이 우주에서 발견될 수 있다면 신은 우리들 자신 속에서도 발견될 수

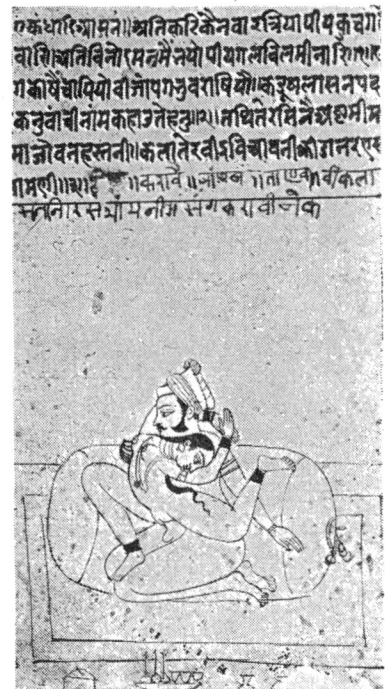

있을 것이다. 인간이 자신의 분산되어 있는 요소를 융합시키면 거기에서 우주와의 합일이 이루어진다. 생명은 하나이고 어떠한 형태를 취하는가는 전체적으로 보아서 복잡하지만 분리될 수 없는 전체로서 서로 묶여져 있다. 열등한 미물로부터 고등한 존재에 이르기까지 생명이 어떠한 형체를 취하면 생명은 그 안에서 똑같은 맥박으로 움직이고 있다. 우리들은 긴 연쇄고리를 이루는 하나하나의 고리에 지나지 않는 것이다.

이처럼 탄트라는 정신과 육체를 일체화시킴으로써 인간의 정신적·육체적인 힘을 최고도로 발휘할 수 있게 한다. 확실히 출가出家·초속超俗·금욕禁欲이라는 노력에 의하여 인간은 매력이 넘치는 이 세계로부터 해방되고 그 결과, 본래 우주의 근원과 자신이 동일하다는 것을 깨닫게 될지도 모른다. 하지만 그것은 탄트라의 방법이 아니다. 사실은 완전히 반대이다. 탄트라의 길은 일상생활로부터 후퇴하는 것이 아니고, 자신의 욕망·느낌, 인간으로서의 상황 그대로의 전부를 될 수 있는 한 전면적으

《에카다리 좌법》
라쟈스탄 지방, 17세기경, 종이에 잉크.
탄트라 의례에 사용하는 글귀에 첨가한 圖版. 숙달된 탄트라 행자의 아사나를 나타내고 있다.

로 수용하려는 자세이다. 탄트라는 이 세계를 〈정신=물질〉로서 받아들이고 이 이원적 세계를 적극적으로 명상함으로써 얻어지는 전일숲―적인 활동을 통하여 자기각성을 가능케 하는 것이다. 이러한 견지에서 보면 완전한 인간이라는 것은 하나의 단위로서 융합된 남성과 여성이 된다. 거기에는 앞서 말한 바와 같이 생과 그 변화의 어김없는 무한한 반복이 있다. 태양에서 생겨난 하나의 분자가 이어서 지구상의 인간·동물·식물 속으로 들어가는 것으로서, 단지 그 명칭이나 형태가 다르게 나타나는 것뿐이다. 두 개의 물체가 분리되어 있는 것이 아니라는 기본적인 결합을 생각함으로써 〈아난다〉(기쁨)를 불러일으킬 때 무한한 기쁨, 영원한 환희의 감정이 생겨난다. 이러한 지복至福인 상태에 놓일 때 인간으로서 경험할 수 있는 해탈에 가장 가까운 상황이라 하겠다. 이와같이 우주적인 질서의 원칙을 탄트라인들이 파악하려 하고 설명하려 하는 데 있어서 우주적인 질서에 대한 이같은 확신은 탄트라인에게 신비의 일익을 담당케 하여, 신비와 함께라고 해야 할까 아무튼 신비 속에서 생활하게 되었다. 탄트라인에게는 「자신과 완전히 동일한 것이 있음에 틀림없다. 그렇지 않으면 커다란 비밀이 이 세상에 알려질 리가 없다」고 판단되었던 것이다. 인간의 혼이란 지고자至高者, 즉 신의 섬광閃光이다. 혼은 개인과 우주가 동일하다는 것을 잊어버리고, 해탈을 얻을 때까지 다음에서 다음으로 윤회하면

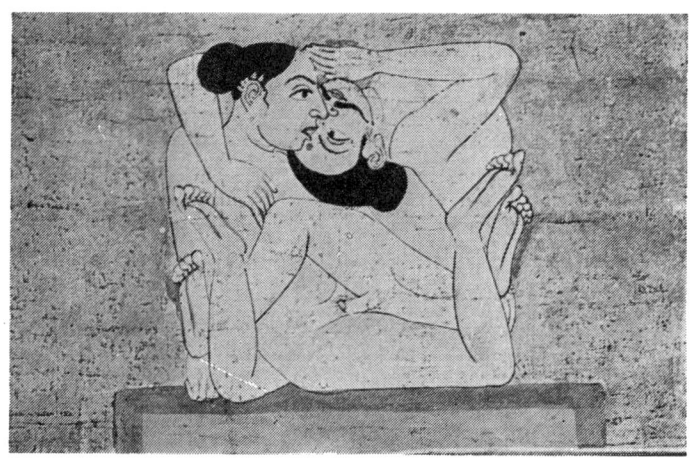

서 이동해간다.

이와같은 명상을 깊게 해가면 사람은 자신 및 세계에 대하여 새롭게 관찰할 수 있는 힘이 생긴다. 사실, 인간이 상대적인 견해에 집착하려는 태도를 단호히 거부하고 그것을 극복하려고 한다면 상대적인 견해가 어느 정도 가치를 발휘하더라도 거기에 구애되는 일은 없을 것이다.

이 〈깨달음〉이란 대체 어떠한 의미가 있는 것일까? 깨달음을 얻는 길, 즉 깨달음이란 무엇인가를 우리에게 이해시켜 줄 수 있는 길이 발견되지 않는 한, 그것은 우리들의 이해를 초월한 것이 된다. 이것이 〈탄트라 요가〉의 길이다. 요가는 고도의 정신집중을 하는 데에 필요한 것이다. 이 요가에 의해서만 인간은 무의식 속에 잠자고 있는 모든 것을 전개시킬 수 있는 것이다.

탄트라 행법은 한 사람의 인간과 우주적인 자아라는 순수의식 즉 탄트라 용어에서 말하는 〈시바 샥티〉와 연결짓기 위한 방법이다. 그것은 순수한 존재의식이 희열을 느끼는 상태이다. 면밀히 생각할 수 있는 명상의 행법에 의하여, 항상 잠재되어 있는 위대한 힘인 〈군달리니 샥티〉가 인간의 육체 속에서 눈을 뜬다. 이 힘은 탄트라의 행법, 즉 〈성교 요가〉를 행함에 따라서 활성화되고, 의식적인 진실로 바뀐다. 이 〈성교의례性交儀禮〉는 이성異性의 상대와 함께 실행된다. 이는 여성이 활동적인 여성원리

《챠크라 아사나의 체위》
네팔, 18세기, 종이에 안료.
척추의 에너지를 앙양시키는 비트는 자세.

샤티의 화신이라고 생각되기 때문이다.

 탄트라 행자는 행법에 알맞게 그와 어떤 관계에 있는 여성이라도 선택할 수 있다. 이렇게 말하는 이유는 탄트라에 있어서는 모든 인간관계가 사고思考의 산물이라고 보기 때문이고, 상대여성은 어떠한 출신이든 용모나 육체적 조건에 따르는 나름대로의 자격이 있는 것이다. 요가행자는 또 건강과 육체조건에 결함이 없어야 한다. 목욕이며 옷차림이며, 앉아서 예배하며, 꽃다발·향·음식물을 공양하는 행위도 완전히 무아의 정신상태에서 이루어진다. 거기서 힌두교의 스승인 구루Guru는 탄트라 행법의 비전秘傳, 즉〈섹스에너지〉가 쇠퇴해지는 경향을 억제하는 성교 요가를 통해서, 그것을 향상시키는 방법의 차례를 설명한다. 교합은 남녀에게 있어서 마음의 움직임을 하나의 정점으로 향하게 하는 탄트라적 방법 중의 한 가지이다. 이 남녀교합은 아주 격렬하기 때문에 두 사람의 의식을 우주의 의식과 융합시킬 수 있는 것이다.

 군달리니의 잠재에너지가 활동을 시작하면, 두 사람의 마음은 예배하는 사람과 받는 사람이 일치되는 상태가 된다. 그는 합일된 기쁨에 젖어서 절대자 즉 순수의식인〈시바 샤티〉속에 용해되어간다. 이원성의 합일에 대한 탄트라의 기본적인 사고방식은〈좌도左道〉적인 즉 섹스행위를 포함한 예배의식에도 표현되어 있다. 입문의례를 거친 후, 요가행자와 그의 상대인 샤티는 요가행법을 행하기 위하여 신비적인 원좌圓座로 들

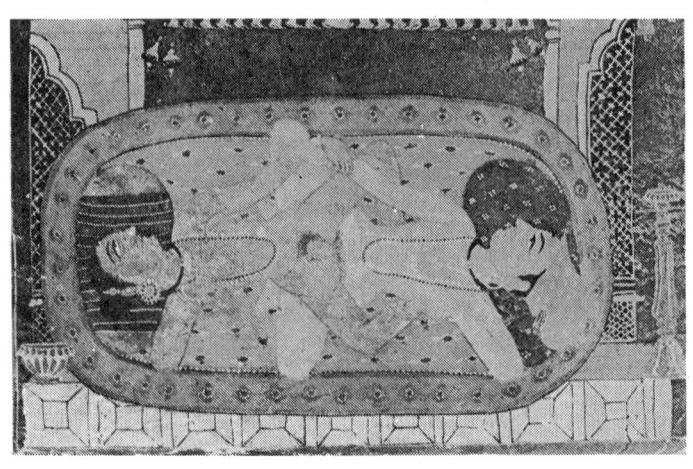

어간다. 이 행위는 오마사五摩事 즉 다섯 가지 M의식이라고 알려져 있다.

오마사五摩事(左道的인 儀禮의 요소)란 마디야(酒), 망사(肉), 맛샤(魚), 무드라(穀物), 그리고 마이투나(性交儀禮)이다. 이 교합의례에서 예배하는 나신의 여성은 보통 혈육으로 된 육체가 아니고 여신 샥티로 보게 된다. 그녀와 요가행자와의 성교는 비非이원적인 존재를 상징하고 있다. 교합의례는 한밤중에 선별된 장소에서 원좌圓座를 이루고 그 안에서 이루어진다. 상대여성을 선택하는 데에는 신중하지 않으면 안 된다. 왜냐하면 샥티로서의 그녀는 우주의 기본적인 힘을 나타내기 때문이다.

수행자가 이미 여신이 된 그의 상대인 샥티와 몸을 합하고 그녀를 예배할 때 그 하나하나의 포옹·접촉·교합에는 상징적인 의미가 있다. 만트라(진언)를 외우면서 그는 현실적인 육체의 다섯 가지 요소—土·水·火·風·空—를 깨끗하게 한다. 그리고 나서 그는 의식儀式의 불꽃을 일으키고, 여러 가지의 준비를 한다. 사고思考의 과정을 변화시킴으로써 탄트라 행자는 새롭게 환생하고, 그의 몸과 샥티의 몸이 연결된다. 교합을 행하는 동안 두 사람의 마음은 주변에 무관심하게 되고, 그들은〈해탈解脫〉로 향하는 충동 그 자체가 된다. 섹스에너지를 지속시킴으로써 내압內壓이 증가되고, 섹스의 잠재력을 두려울 정도의 강력한 것으로 변화시키기 때문에 의식의 흐름이 자유롭게 해방된다. 이 순간에 육체와 혼은 하

《무라 반다 체위》
네팔, 1700년경, 종이에 안료

나가 되고, 육체의 쾌락은 해탈에 이름과 못지않은 정묘한 기쁨으로 변한다.

섹스에너지는 〈하타 요가〉나 기타 〈무드라〉(印), 〈반다〉(束縛), 〈아사나〉(坐法), 〈프라나야마〉(調息)라고 불리우는 과정에 의하여 제어된다. 무드라 가운데에서 가장 중요한 것은 〈바즈롤리〉〈사하죠리〉〈아모로리〉이다. 그밖의 다른 것은 〈케챠리 무드라〉〈마하 무드라〉〈요니 무드라〉 등이다.

아사나라고 하는 것은 커다란 요소가 점차 작게 분해되어가면서 서서히 퇴화되는 과정이며, 거기에 따라서 육체는 기본적인 근원과 동일하게 된다. 토土의 요소는 후각과 관련되고, 수水는 미각, 화火는 시각, 풍風은 촉각, 공空은 청각과 관련된다. 이들 다섯 가지 요소는 하나하나가 그 잠재에너지와 함께 그들의 근원에 합쳐진다. 궁극적으로 자아는 우주의 인식모태에서 해소되고, 또 샤티와 원초적 에너지인 프라크리티에 융합되어, 최후에 샤티는 순수한 의식인 시바, 혹은 푸루샤에 병합되어간다.

《목욕한 뒤 聖油로 정화하는 귀부인상》
라쟈스탄 지방, 18세기, 종이에 안료.

《요니 아사나》
네팔, 18세기, 종이에 안료.
남성원리인 의식으로서의 푸루샤는 여성원리인 원초에너지 《샥티》를 만들어내는 자궁(요니)과 연결되어 있다. 그 합일은 생식 행위에 의해서 상징적으로 표현되어 있다.

〈눈을 응시하는 남녀상〉
캉그라 지방, 18세기, 종이에 안료.
눈을 응시하는 것으로 의식의 교류를 높이는 두 사람을 그린 채색화.

《교합하는 미투나 남녀상》
라쟈스탄 지방, 19세기, 종이에 안료.
위의 그림은 남녀의 〈사랑 싸움〉을 표현한 것이며 체위는 〈요동의 결합〉이라고 부른다. 배경에는 계절 가운데 봄이 묘사되어 있다.

《교합하는 남녀상》
고대 인도인은 전적으로 사랑의 드라마를 충분히 탐구하고 있었다. 성교에서 중요한 일면은 파트너끼리의 교합 체위 변화이다. 신체를 결합시킨 남녀가 만들어내는 이른바 육체의 〈매듭〉이다. 형식이 다른 84가지의 기본체위가 있는데 실행가능하고 심신에 유익한 것이 체위를 결정하는 조건이다. 주요한 것에는 臥位·立位·坐位·倚位 등이 있으며, 얼굴을 마주하기 혹은 뒤로부터 포옹하기, 가능한 한 전체 감각을 자극시킨다.

〈교합하는 남녀상〉

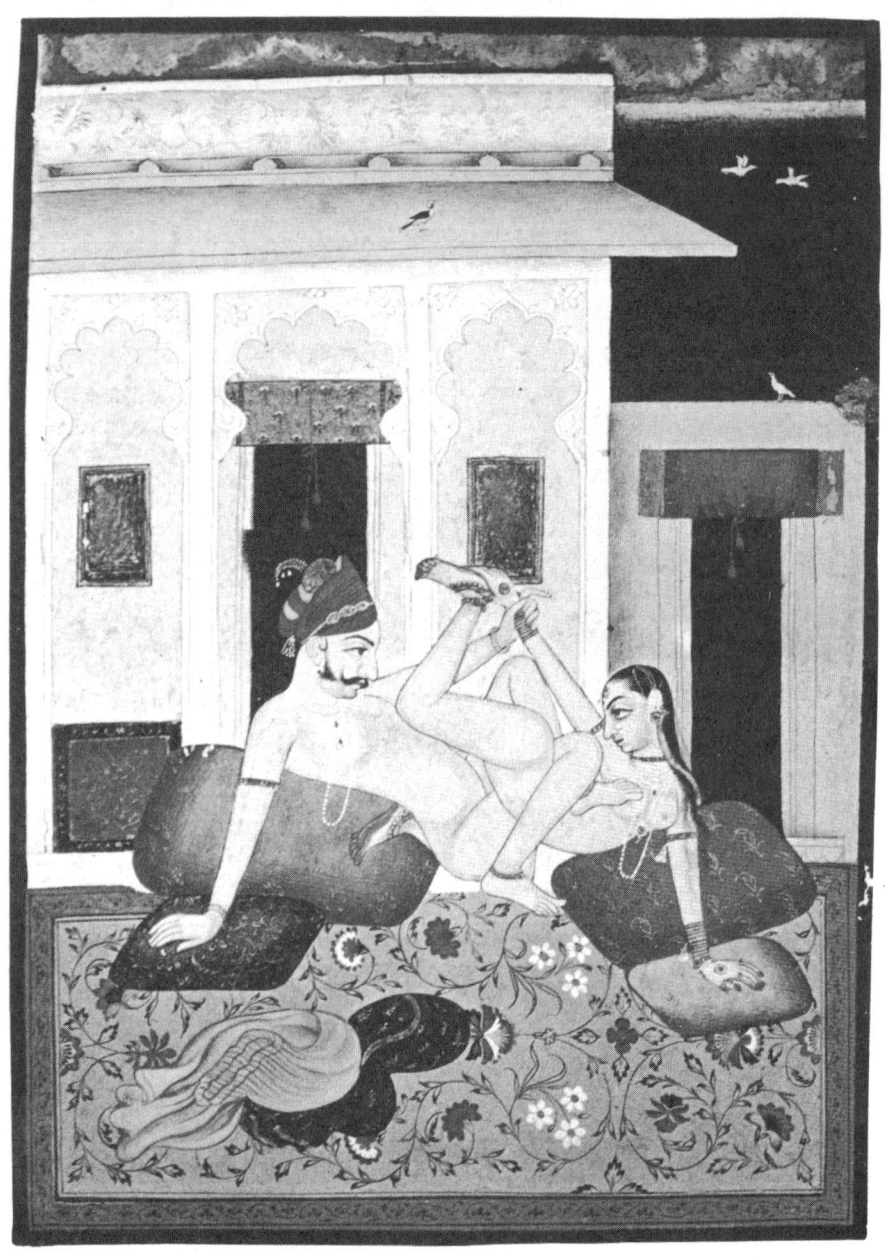

《교합하는 남녀상》

7 우주의 신비를 벗긴다

탄트라에 있어서는 지금까지 살펴본 바와 같은 정신과정을 거쳐서 인간과 자연의 관계를 나타내는 새롭고 적합한 말이 발견되어 쓰이고 있다. 이것은 탄트라 그림에 대해서도 마찬가지이다. 그러므로 탄트라 예술에서는 요가의 방법이 매우 중요시되고 있는 것이다. 탄트라 예술은 그 자체가 요가의 기본적 형식의 하나라고 생각해도 무방하다.

탄트라 화가가 요가의 행법을 도입한 것은 수수께끼와 같은 침묵의 세계, 우주의 신비 속으로 들어가기 위해서였다. 탄트라의 상징과 기본도형의 보고라고도 말할 수 있는 세계는 아직 거의 알려지지 않았지만 그 형태나 색채가 두드러지게 빛을 발휘하고 있는 것은 이러한 상징과 기본도형이 있기 때문이며, 탄트라 화가들의 지향하는 바가 내면의 정신적인 생장生長에 관련되어 있기 때문이다. 그러한 까닭에 탄트라 화가들은 스스로 비전(觀想)을 통합하는 일에 전심전력하였다. 더욱이 그러한 일에는 자기 자신을 제작의 근거와 동화시키려고 하는 수행이나 의례가 따르기 마련

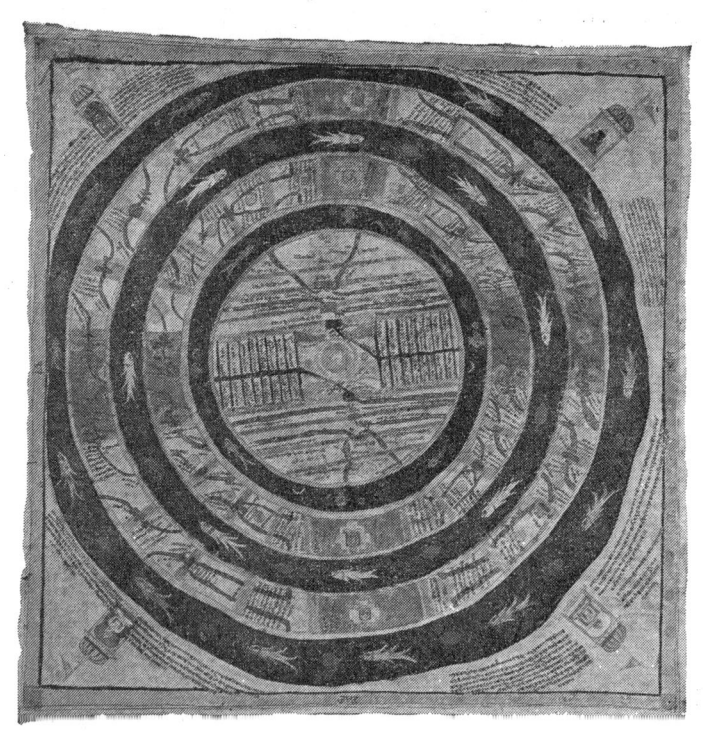

이다.

 오늘날 고도로 발달된 물리학의 세계에서의 여러 가지 발견 덕분에 우리들이 지금까지 신비라 하여 설명을 피해왔던 사상事象에 관해서도 최근 새로운 빛이 비춰지게 되었다. 그러나 탄트라 예술을 보면 그들은 역시 그러한 사상을 직관적으로 이해하고 있었던 것을 알 수 있다. 그러한 의미에서 탄트라 예술은, 누구라도 잘 이해할 수 있도록 체계적인 분석을 할 가치가 있다고 하겠다. 게다가 우리들이 추상예술의 틀 안에서 지금에 이르기까지 시간과 공간에 관하여 생각하고 있는 동안에 탄트라 예술은 더욱 발전하여 음이나 빛을 표현하기에 이르렀다. 이런 사고방식에 비견할 수 있는 것은 다른 어느 분야에서도 찾아볼 수 없다.

 본다, 안다, 탐구한다, 기쁨을 맛본다—고 하는 이러한 능력이 만약 탄트라에 의하여 눈뜨게 된다면 어떤 류의 의식적儀式的 행법이라도 어쩔 도리가 없는 일이다. 탄트라 화가는 우리들이 사는 우주에 작용하고 있는 힘

《세계공간을 표현하는 자이나교의 우주도》
라쟈스탄 지방, 18세기경, 헝겊에 안료.
탄트라의 우주도는 우주적인 직관에 기초를 두고 세계의 도식을 그려내고 있다.

에 관하여 새로운 이해의 방법을 개척하였고, 이러한 행법이 필요하다는 실상을 아득한 옛날부터 깨닫고 있었다. 이 우주의 힘을 현대 예술가는 추상예술을 통하여 파악한다거나 설명하려고 시도하고 있다. 탄트라 예술은 눈에 보이는 가까운 외관의 세계가 아니고 그것을 초월한 곳에 있는 세계를 예술을 통하여 설명하려고 하였던 것이다. 그것은 탄트라 예술이 현대예술과 어느 정도로 연관이 있는가를 설명해준다.

  오늘날 현대의 예술가는 우리들 주변의 인생이나 대자연의 복잡함을 설명하기 위하여 추상적 표현을 사용하고 있다. 그런데 그것은 탄트라 예술에

서 수세기 전에 이미 활용되었던 수법인 것이다. 오늘날 눈치가 빠른 예술가들은 예술을 통하여 우주의 신비나 우주를 지배하는 법칙을 밝히는 데 이미 탄트라 요가 화가들이 시도하였던 것과 똑같은 작업에 몰두해 있다. 탄트라 예술에 있어서 형태라는 것은 물론 더욱 깊은 의미를 갖고 있다. 현대의 추상예술은 본래 인습에 얽매이지 않는 표현양식을 모색하면서 비롯되었다고 말할 수 있다. 그러나 탄트라 예술은 보다 깊은 정신적인 신조나 통찰에 뿌리를 내리고 있는 것이다.

오히려 탄트라 화가에게는 물체가 연속적으로 단계를 밟아 변모하고 있

《명상 요가의 자세를 취한 자이나교의 성자》
라쟈스탄 지방, 19세기경, 종이에 안료.
이들 자이나교 성자는 절대적인 깨달음의 이상과 속세로부터의 해탈을 표현하고 있다. 성자의 생애는 에피소드와 험난의 연속이다. 성자들은 자신을 버리고, 不殺生과 離俗이라는 자이나교의 교의를 따른다. 그리고 몇 번이고 환생하면서, 잇따르는 시련을 거듭히 이겨내 〈환생의 격류를 넘은〉 승리자 즉 〈지나(자이나)〉라든가, 〈딜탄카라〉라는 칭호를 받게 된다. 미술적인 면에서 말하면 자이나교 성자들은 서로 많이 닮았고 육체의 균형도 완벽하여 용모상의 결함을 찾을 수가 없다. 開祖 이래 24인의 성자들 한 사람 한 사람에게 그 성자 고유의 상징적인 기호가 주어지고 있다. 성인 군츠나트(右上)의 상징은 山羊이고, 그림에서는 두 사람의 시봉자가 예배드리고 있다. 성자 나미(左上)의 상징은 파란 蓮꽃. 여기에서도 두 사람의 시봉자가 예배드리고 있다. 자이나교의 개조 파르스바나트(右下)는 裸行波 성자로 그 상징은 앞에 그려진 뱀이다. 성자 아난다(左下)의 상징은 독수리이고, 두 사람의 시봉자가 예배드리는 모습이 그려져 있다.

거나 또 절대적인 본질로 환원되어가는 과정을 통하여 그 기본적인 형태를 찾고, 또 그곳에 숨겨진 보편적인 성격을 분명히 밝히는 것이 최대의 관심사이다.

화가는 외부에 있는 것은 아무것도 흡수하려들지 않고 내면적으로 경험한 것을 외부로 표출하고자 한다. 현실에 입각해서 말하자면, 탄트라 예술은 정신적인 가치에 견고한 뿌리를 내리고 있는 것이다. 탄트라의 내면세계를 전달하는 이 방법은 하나의 〈삶의 방식〉이고, 또 가장 깊이있는 관찰을 결정화結晶化하여 타인에게 전달할 수 있는 사고방식이나 도형을 만들어내는 것이다. 더구나 그것에 의하여 화가 한 사람 한 사람의 예술표현에는 보편적인 기준이 세워지게 된다.

탄트리즘으로부터 전개되는 예술은 풍부한 여러 가지 도형을 차례로 펼쳐서 색채나 색조에도 배색의 변화를 보이며, 그래픽 도안이나 힘에 넘치는 상징을 포함하고 있고, 그곳에 또 개개의 의미와 보편적인 의미가 깃들어 있다. 탄트라 예술은 보다 높은 지각을 불러일으키는 지식이나 잠자고 있는 근원의 문을 두드리는 지식을 끌어내는 데에 안목이 있다고 할 수 있다.

이러한 표현양식은 예술작품을 만들듯이 그것만 따로 분리하여 생각할 수 있는 것이 아니며 더욱 깊은 의미가 포함되어 있는 것이다. 예술적인 가치를 별도로 본다면 그 내용, 즉 그 의미나 그곳에서 밝혀지는 인생철학이나 세계관 등의 내면에서야말로 탄트라 예술의 진정한 의도가 발견된다. 이러한 의미에서 탄트라 예술은 〈시각적인 형이상학〉이라고 말할 수 있다.

탄트라 예술은 인도 미술이 전반적으로 중요시하는 정신적인 가치를 기반으로 하고 있다. 그런 까닭으로 여러 가지 다른 시각적인 도상圖像을 반영하고 있지만, 또 일면에서는 공통 유산을 계승하고 있다. 그러므로 탄트라나 기타 인도 미술의 경우에도 마찬가지로 화가의 이름은 알려져 있지 않다. 탄트라의 도상圖像에서는 우주적인 힘의 형태나 배치기 원초의 추상적인 것에서부터 복잡한 것으로 변해간다. 천문도天文圖에서든, 성좌도星座圖에서든, 도상圖像에서든 종합적으로 맞추어보면 전혀 차이가 없어진다. 이러한 도상의 형태는 직관적으로 이해할 수 있는 것이지만, 본래 불변의 우주원리에 기초하고 있는 것이다. 거기에서는 어느것 하나 변화가 없고 〈본질本質〉이 존재에 선행하는 일련의 공간 경험이 있을 뿐이다. 즉, 형태가 생기기 전에 거기에는 이미 전체의 의미가 존재하고 있다. 이들 탄트라 예술의 형식은 그 본래의 성격을 남긴 채로, 심리면 또는 정신면으로부터 시각적인 이미지를 탄생시키는 역할을 담당하고 있다. 탄트라는 〈예술용어〉를 통하여 「우리들의 탄트라 경험이 풍부하고 심오해지도록 이 세계를 이해시키라」고 가르치고 있다. 그것은 인간의 갖가지 견해, 즉 위치를 확실하게 부여하기 어려운 수많은 견해를 점차 의미 깊은 사고방식으로 정리하도록 우리들의 세속적 의식을 해방시켜 준다. 이렇게 보면 탄트라의 도상圖像은 일반 예술가들의 애매한 잔재주를 필요로 하는 일에서 생겨나는 자유제작 따위와는 전혀 다르다. 최종적으로는 명상을 통하여 상징의 배후로부터 가장 순수한 〈추상작품〉이 나타나고 그것이 시각화된 것이다.

탄트라 화가는 〈합일슴一〉을 구하여 우주와 동화하는 것이지만, 바깥 세계와 정신 내부의 모형을 동화시키기 위해서는 현상세계를 넘어선 보다 높은 진실을 매개로 하지 않으면 실현되기 어렵다. 그러므로 그는 그러한 진실을 어떻게든 발견하려고 열심히 전념하는 것이다. 이와 관련하여 내면적인 모형이라는 것은 그를 시간적·공간적인 연속체로 정통시킬 수 있도록 대우주를 관상觀想하여 그 비전을 얻어내는 것이다.

탄트라 예술의 세계와 탄트라 체험의 세계 사이에는 각각 성격의 차이는 있어도, 본질이 다른 것은 아니다. 예술은 경험으로부터 완전히 단절되어 있는 것이 아니다. 연속된 한 가닥의 실에 두 개의 세계가 묶여져 있다. 탄트라 화가는 그것을 피할 수 없으며 대자연의 질서와도 아주 일치하고 있다. 그가 만들어내는 예술은 외부세계나 내면세계에 가득차서 진정한 의식을 반영하고 있다. 그런 의미에서 탄트라 화가는 예술과 인생을 연결하는 고리 같은 것으로 그 고리는 인생과 우주 사이에까지 확대되고 있는 셈이다.

탄트라 예술은 자연을 구성하고 있는 여러 가지의 물리적인 힘의 집합체를 표현하는 것이고, 거기에서는 대부분이 전체로써 조화를 이루고 있다. 화가에게 이 〈합일슴一〉 상태가 나타나는 것은 진실이고, 그것은 그가 그리는 그림 가운데에 투영된다. 탄트라 화가는 참된 자연의 힘 속에서 영육의 일치를 구하고 예술작품의 세로·가로·길이라는 삼차원의 제약을 벗어나 있는데, 그것은 우주적인 충동이고 시간적인 차원의 제약에도 구애받지 않는다. 게다가 탄트라 그림은 거의 대부분이 개인과 우주와의 유사성이나 이 두 가지를 지배하는 생명력을 중시해서 그려진다.

　이렇게 그려진 탄트라 그림에는 명상에 들어가게 하는 용수철이라고도 할 수 있는 것이 있는데, 대개는 추상적인 기호나 상징으로 표현되어 있다. 그것을 통찰하고 응시하는 일은 응답으로서 그림으로부터 의도를 뛰어넘는 자유분방한 추상세계를 탄생시키는 기초가 된다.

　예를들면, 전술하였던 여성 에너지 〈샥티〉를 나타내는 역삼각형은 무언가를 모사模寫한 화상畵像에도, 또 비뚤어진 채 엉성한 오점에도 없다. 그것은 생명을 지배하는 원리를 기호 같은 추상적 이미지로 표현하는 원초적·근원적인 형태인 것이다. 모형이 아닌 추상을, 개인이 아닌 우주를, 정서가 아닌 인식을 표현하는 이들 도형에서 탄트라 화가가 그리는 진리의 이미지는, 전통과 유산에 의하여 정해지며 그것이 그 개인의 주관적인 표현을 억눌러 보편적인 것으로 바뀌어지는 것이다. 이는 끊임없

이 전통으로서 계승되어왔기 때문이며, 결국 일단 특정한 이미지가 표현되어 사람들에게 받아들여지고 그 의미가 몇 세기에 걸쳐서 끊어지지 않고 유지되어왔기 때문이다.

이처럼 탄트라 예술의 형태에는 시대를 초월하는 공통분모가 계속 존재하고 있다. 그들은 오래 전부터 기호로서 또 수학공식처럼 그 이전의 〈정리定理〉를 전제로 한 기호로서, 그야말로 끊임없이 변화할 필요가 없는 기호로서의 역할을 다하고 있는 것이다.

탄트라 예술의 형태는 순수한 비유로서 나타나지만, 거기서는 일련의 생각을 상징으로 대체하는 이미지로서 표현하는 것이 관례로 되어 있다. 결국 습관이나 문화조건에 따라서 의미가 형성되어왔던 것이다. 탄트라의 상징은 대부분이 잠재의식 속에서 융합되고 자연적인 무의식 속에서 만들어져 사람들의 관심을 집중시키는 비젼vision이라고 할까, 창조적인

《라가 마라라》
라쟈스탄 지방, 19세기, 종이에 안료.
인도 음악에서 라가 선율의 종류를 정의하는 말이다. 라가는 정서적인 효과를 중요시하는 독특한 분위기로 연주된다. 라가에는 여섯 가지 주선율과 그것에 준하는 무수한 선율이 있고, 선율에 따라 특정한 계절이나 밤과 낮 등의 특정한 시간이 효과적으로 지정된다. 대개 특정 라가가 표현하는 정서에 도취된 성자의 세밀화가 남겨져 있다. 이 그림은 아침의 연주곡으로 비를 부르고 행운을 가져오는 라가 〈마라라〉를 묘사한 것. 그 가냘픈 여운을 남기는 선율에 크리슈나신이 환희에 들떠 춤추고, 검은 구름에서 비가 내리고 있다. 하늘의 은혜에 감격한 그의 어린 친구 고피가 헌신과 외경심으로 연주되는 음악을 감상하고 그 주변에는 작은 새와 공작이 무리지어 있다.

영혼으로서 표현되어 있는 것처럼 보인다. 그들 상징에는 알기 쉬운 일면이 있고, 보는 사람을 형이상학의 근저를 흐르는 명상의 세계로 강력하게 유혹하는 것이다. 상징이 의식 안에서 영혼과 일체화되어 움직인다는 사실 속에 바로 상징의 진정한 의미가 있다. 그러한 상징이 직접 모습을 드러내는 경우는 거의 없고 그 내용이 되는 의미도 항상 육안으로 파악할 수는 없다. 그러나 아무리 신비롭게 보여도 이들 상징은 화상畵像의 내부에 깃들어 있는 진실을 지각하는 유일한 수단인 것이다. 그러므로 폭넓게 상징학象徵學을 진전시키자면 탄트라 성전을 어느 정도 참고할 필요가 있다는 사실은 말할 것도 없다.

　탄트라 화상畵像에 관하여 양식·형태·구성요소·색채적인 상징 등을 분석의 테마로 삼는 현대미술비평의 차원으로는 그것의 참다운 핵심을 이해할 수 없다. 탄트라 화상畵像에 숨겨진 생각은 지각知覺 같은 것

을 거부하고 있다. 왜냐하면 탄트라는 무어라고 해도 지식知識에 도달하는 길이고, 오로지 깨달음에만 관심을 갖는 삶의 방법이기 때문이다.

이러한 까닭에 탄트라는 일상의 생활의례에 밀착되어 있는 미술美術=기술技術을 보여주고 있다. 탄트라에서는 예술도 의례도 같은 탯줄에 연결되어 있다. 의례가 짜놓은 천의 주름 속에는 인간이 살아온 사실의 완전한 복사가 수용되어 있다고 말할 수 있는데, 그것과 마찬가지로 탄트라의 의례는 또 의례가 갖는 특별한 문맥에 맞는 예술적인 상징을 만들어내고 늘려간다. 예술과 의례는 서로 융합되어 있으며 그 쌍방이 가진 것을 합하여 살아간다는 의미를 모색하고 표현하기 때문에 초심자에게도 내면적인 깨달음으로 인도하는 하나의 종교경험이 주어진다.

이와같이 예술은 의례에 새로운 밑받침을 마련하면서, 개인이 심정적으로도 수긍할 만한 일반적인 상징을 만들어내는 것이다.

《불교의 자매교인 자이나교 사원도》
성산聖山으로 둘러싸인 자이나교 사원의 거리.
라쟈스탄 지방, 18세기경, 종이에 안료.
본도는 자이나교 최고 위에 있는 교조들에게 바쳐졌던 사원의 거리를 그린 것. 현행 우주 주기로 세어 24인의 교조가 있다는 전설이 있다. 교조들은 자이나교의 신도에게 인생의 무질서한 통로로부터 빠져나가는 방법을 가르쳐주고 있다. 그들은 기나긴 고행을 통하여 깨달음을 얻고, 정신의 난행에 의하여 우주의 질서를 경험한 사람이다. 이 그림에서 그들은 사원을 지배하는 신들로서 묘사되어 있다. 사원의 거리는 주변이 산으로 둘러싸여 있고, 거리의 중심에는 신도들이 성스러운 순례여행을 하러 모여드는 사원이 있다.

전부라고는 말할 수 없지만, 대부분의 탄트라 그림은 진실을 시각적인 형태에 의하여 최종적으로 사람들에게 이해시키는 것처럼, 영원으로 이어지는 우주의 연쇄작용을 표현하면서 초월자와 크든작든 위급한 사태에 처한 인간과의 사이를 중개하는 역할을 담당하고 있다. 탄트라 그림에는 당연히 기교나 방법상의 차이가 있지만, 어떤 특별한 의미를 가진 공통의 암호가 붙어있다. 예술이 의례와 연결되면 사회적인 기능을 갖게 되지만 그것은 정확히 말해서 면면히 이어져 내려온 전통 때문이다.

　만약 의례가 사회구조 패턴의 변화에 편승하여 일상의 무대에서 사라진다면 탄트라 예술도 영향을 받게 될 것이다. 의례와 예술과의 불가분의 관계는 절대세계絕對世界의 이상적인 형태에 한할 뿐만이 아니라 정신적인 향상을 염원하는 사람이 자연의 환경 속에서 발견할 수 있는 인간의 모든 창조품에까지 관련되어 있다. 여기서 또 탄트라 예술은 아름다움과 기능機能의 균형에 따라서 예술과 의례의 연결상태를 그림으로 풀어서 보여준다. 탄트라 행자에게 있어서 예술이란 그 테두리 안에서 진정한 의도 아래 표현된 것이므로, 애매함이라든가 실험예술이라든가 개인적인 제작상의 버릇 같은 것이 끼어들 여지는 전혀 없다.

　시대적인 차이는 있다고 하여도 탄트라 예술의 기호 체계는 우연하게도 현대의 많은 추상예술과 유사한 점이 있다. 탄트라는 현대 추상예술가들에 의하여 최근 재발견된 것 같은 포룸forum을 수없이 많이 가지고 있다고 생각된다. 현대 예술가들은 자신의 의식을 표현함으로써 작품을 완성하고자 노력하고 있지만, 확실한 기호 체계 속에 있는 탄트라 화가에게 있어서는 현대 예술가들이 완성시키려고 했던 것도 자연에 대한 미의 관상觀想에서 나온 것이어서 그 점에 주목해보면 아주 흥미롭다.

　역사가 반복되는 것처럼 새로운 탄트라 예술 양식은 역사의 조류 속에서 발전하였으나, 새로운 상황이 전개되어도 탄트라 화가들은 본질적인 면에서 동일한 생각을 고수하고 있었다. 마찬가지로 탄트라 사상과 현대 예술세계와의 교류는 각각 외면적外面的 구조나 리듬이 달라도 기초를 이루는 발상이 같다고 하는 새로운 통찰을 전개시켰다. 탄트라 예술은 우리들이 그때까지 알지 못했던 지각의 문을 열어놓았고, 모든 위대한 시대가 그러했던 것처럼 하나의 비전을 가져오는 미적인 감수성을 불러일으켰다.

작자 미상인 전설傳說로 전해 내려오는 이 예술 형식은 인도 역사 속에서, 아니 보다 더 넓은 배경에서 말하자면 여러 가지 문화에서 싹튼 예술 속에서도 그 유사성을 찾아볼 수 없다.

이와같은 예술은 정신적인 가치감價値感 속에 깊게 뿌리를 내리고 있다. 탄트라 화가는 항상 발견이라는 일을 계속하는 길에 들어선 사람이다. 발견이라 해서 자기 자신을 발견하는 것이 아니고, 자신 속에서 찾아낼 수 있는 우주의 근원을 지속적으로 발견하는 일이다. 아직도 알 수 없는 세계가 우리들의 내부에 있다. 그것은 살아있는 모든 생물의 원자原子 속에 있다. 우리들은 그 속에 들어가 경험하지 않으면 그것을 배울 수가 없다. 이 엄격한 경험은 우리들이 정신적으로 살아가는 데에 커다란 하나의 계기가 된다. 탄트라 행자에게 있어서 예술이란 직업으로써 선택하는 것이 아니다. 그것은 진실에 이르는 길이고 자신에게 눈뜨는 〈깨달음〉에 이르는 길인 것이다. 과거 많은 위대한 인도의 예술가들이 이 가르침을 따라서 살았고, 최후에는 성자聖者가 되었다고 하는 것은 그리 놀라운 일이 아니다.

8 탄트라의 특질

제2부 ● 松長有慶

탄트라의 어의語義에 관해서는 앞에서도 언급하고 있지만, 조금 더 설명을 덧붙이기로 하자.

탄트라Tantra란 본래는 산스크리트어로 〈실糸〉이라는 의미이다. 엄밀하게는 실의 씨실을 의미하고, 그로부터 여러 가지 내용이 나중에 파생되었다는 역사적인 기록이 있다. 탄트라란 넓게 한다는 의미의 tan으로부터 나온 말이라 하여 「그것에 의하여 지혜가 넓혀지는 것」이라고 확대해석할 수도 있고, 또 「한 번 만들어진 것이 많은 사람에게 이익을 주는 것, 이것이 탄트라」라고도 말할 수 있다. 이러한 해석은 나중에 힌두교의 종파적인 입장에서 탄트라의 기능을 칭송한 것이라고 볼 수도 있다. 또 그 내용면에서 「진리라든가, 진언眞言에 관한 심오한 내용을 다루는 것이 탄트라」라고도 말해지고 있다.

이러한 정의를 나열해보면, 우주의 진리를 둘러싼 사항과 신비적인 말

탄트라

에 대한 사항을 주제로 한 서적이 탄트라라고 불리우고 있는 것을 알 수 있다. 따라서 그것은 인간이 설한 것이 아니고 신으로부터 들은 언어, 즉 슈르티śruti라든가, 신으로부터의 계시 즉 아가마āgama라고 볼 수 있으며, 브라만 성전인《베다》의 일부분을 형성하였다고 할 수 있다.

탄트라라는 말의 해석은 후세에 여러 가지로 이루어지고 있지만, 본래는 〈씨실橫糸〉의 의미가 그 성격을 가장 잘 표현하고 있다고 생각된다. 인도에서 성전을 나타내는 언어에 〈수트라sūtra〉라는 말이 있다. 성애性愛에 관하여 서술한 〈카마 수트라〉는 잘 알려져 있지만, 불교 성전도 수트라라고 부르며, 본래 그것은 〈날실縱糸〉이라는 의미를 갖고 있다. 전통적으로 사용해온 수트라는 사상적인 내용이 풍부한 데 비하여 탄트라는 실천적인 면에 관하여 보다 중점을 두고 있는 것이 특징이다.

아무튼 진리를 문자로 기록하여 남기는 것을 기계로 옷감을 짜는 것에

《산스크리트 문자를 기록한 신비적인 나가 불타상》
라쟈스탄 지방, 17세기경, 종이에 잉크와 수채.
뱀의 복잡한 선도형. 蛇神은 대지와 바다 보물의 파수꾼이 되어, 이 추상도형은 뱀을 빼고 만트라를 기록한 신비적인 얀트라로 되어 있다. 뱀 그림은 제사나 의례 때에 행운과 길조의 표시로서 마루방에 그려진다.

비유하여, 씨실과 날실의 교차에 의하여 우주의 진리를 파악할 수 있다고 하는 발상이 밑바탕에 깔려있다고 생각할 수 있다. 불교에서는 옛날부터 성전을 나타내는 데에 수트라라는 용어를 사용하였던 것인데, 7세기경부터 탄트라라는 말이 나오기 시작하여 8세기 이후가 되면 성전은 거의 탄트라의 이름을 갖게 된다. 이 시대에는 사상적인 내용만을 설명하기보다도 그 사상을 어떻게 몸에 익히는가 하는 실천적인 색채가 농후한 성전이 활발해지기 시작한다.

　탄트라는 본래 사상이나 철학을 설하기 위한 것은 아니다. 다시 말하면 대우주 즉 절대 세계와 소우주 즉 인간 세계가 본래 일체―體라는 생각으로 되돌아가는 것을 지향하는 실천의 도道 즉 수도의 방법을 분명히 밝혀 주고 있는 것이다. 따라서 이미 알고 있는 것처럼 그것을 읽거나 듣거나 하더라도 혹은 내용을 안다든가 이해한다고 해도 전혀 의미를 지닐 수 없

다. 탄트라는 오로지 그것에 따라 행동하고 실천함으로써 비로소 본래의 의의를 완성할 수 있기 때문이다. 탄트라의 세계는 외부로부터 접근하여 내용을 밝히려고 하면 완고하게 문을 닫아버린다. 그러므로 탄트라의 세계를 정말로 알려고 한다면 우리들이 그 내면세계로 들어가 동화되는 길 밖에는 탄트라를 자신의 것으로 할 수 있는 방법은 없다.

　탄트라는 확실히 난해하다. 적어도 현대인이 토론한다든가 독서한다든가 계산한다는 등등의 일상생활에 사용하는 분석지分析智, 즉 이성적인 사고思考로써 이해하고자 하여도 어림도 없을 것이다. 그래서 종래 탄트라는 반이성적反理性的인 세계, 비근대적인 신비의 영역이고, 선뜻 들어설 수 없는 피해야 할 영역이라고 생각되어왔다.

　탄트라를 이해하기 곤란한 이유는 탄트라가 현대인의 사고방식에 맞지 않는 전근대적인 저급한 사상을 피력하고 있기 때문이 아니고, 현대인이

《뱀과 사다리》
라쟈스탄 지방, 18세기 중반경, 헝겊에 잉크와 수채.
뱀과 사다리의 바둑판 눈금 모양의 도형으로서 게임에 사용되었는데 게임의 패턴은 우주를 상징하는 사고방식에서 나오고 있다. 아래에서 위로 9단계로 나누어지고, 최하단에는 지옥을 최상단은 낙원을 나타내고 있다. 주사위를 던져서 게임을 하면서, 요령은 가능한 한 빨리 천계에 도달하는 것이다. 힌두교 사고방법에 따르면 우주의 전체상은 하늘 아래에서 꼭대기까지의 다양한 단계의 지평으로 되어 있는데, 이 즐거운 게임이 그러한 전체상에 정신을 집중하는 초점으로서 사용되는 명상의 수단이 되고 있는 것도 이상한 일이 아니다.

그 취급방법을 잘못 알고 있기 때문이다.

　탄트라는 인간의 육체라든가 천체라는 현실세계의 개개의 존재물이나 인간의 생로병사 등의 현상을 분석적으로 이해하기 위한 것이 아니라 물질과 정신, 선과 악, 미와 추, 진실과 거짓, 공간과 시간, 이들 일체가 포함된 전체세계를 문제로 삼고 있기 때문에 오로지 이성에만 뿌리를 두고 있는 논리적인 사고나 분석지에 의한 추상적인 이해를 거부하는 것이다.

　이러한 이유로 명철한 이성보다는 오랫동안 잊고 지내던 감성에 의하여 종합적으로 파악하는 곳에 탄트라를 이해하는 길이 열려있다. 두뇌로 이해하기보다도 눈·귀·코·혀·몸 따위의 인간의 감각기관을 총동원함으로써 알 수 있다는 이해의 방법을 탄트라에서는 가르치고 있다. 현실세계를 부분적으로 해명하는 것이라면 이성으로도 가능하겠지만, 전체를 파악하는 데는 이성보다도 감성이 유효하고, 그것은 직관으로써 도달할 수 있는 영역이라고 해도 좋을 것이다.

　동양에 관심을 가진 독특한 심리학자 융이 말하는 것처럼, 탄트라의 기본을 이루는 것은 감각의 세계에만 모습을 드러내지만, 그것을 뛰어넘는 일은 없다. 그렇지만 강렬한 감각을 가지고 표현되어 있기 때문에 그 내부 깊숙이에서는 초감각적이라고도 비감각적이라고도 말할 수 있는 것이다.

　탄트라가 지향하는 바는 개별적인 분석이 아니라 우주 전체를 포함한 근원적인 것으로의 귀환이므로 인간의 육체 또는 감각기관의 활동을 억

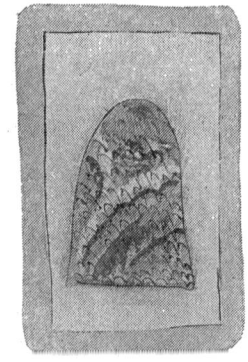 

제하거나 속박하는 것은 그 목적을 달성하는 데에 유효한 수단이 못 된다. 오히려 육체가 갖는 본래의 에너지를 최고로 발휘함에 따라서 자신 속에 잠자고 있는 초월적인 자아, 즉 대아大我를 본래의 모습으로 현현시키려는 것이다.

탄트라에서는 「너희는 간음하지 말지어다」라든가 「소욕지족少欲知足」 따위의 근대적인 도덕이나 종교 혹은 교육이 높게 평가해왔던 금욕, 절제의 미덕은 의미를 잃어버린다. 그렇게 말하는 것은 근대인이 무의식중에 낭비하고, 그 가치에 등한시했던, 인간이라든가 사물 내부에 깃들어 있는 우주의식이라고 할 수 있는 본원적인 에너지를 끌어내어 그 힘을 충분히 발휘시키는 것이 골자이기 때문이다.

탄트라는 이처럼 철학적 또는 형이상학적인 어려운 사고를 다루는 것이 아니라, 인간 본래의 우주적인 규모의 생명력을 회복시켜서 본원적인 자기 탐구를 노리는 것이기 때문에 원래 윤리라든가 종교 혹은 문화라는 서양 문명이 만들어낸 말의 범위를 초월하는 존재라고 말하지 않으면 안 된다. 탄트라 연구에 의하여 캘커타대학에서 학위를 받은 S.B. 다스 굽타는 「탄트라란 본래 인도에서 아주 오랜 옛날부터 행하여온 종교적인 삶의 방법이라든지, 수행법으로서 기본적으로 가지고 있었다. 탄트라의 주제는 비교적秘教的인 요가·찬가·의례·제사의식·그것들의 이론 때로는 법률·의학·주술 등을 포함할 수도 있다」고 말하고 있다.

요컨대 옛날부터 인도인의 일상생활을 주관해온 신들에 대한 찬가·의

《신비적인 그림이 있는 카드》
라쟈스탄 지방, 19세기경, 종이에 안료.
점이나 예언술에 사용되는 것으로 상징적인 도형이 그려진 한 조의 카드에서 한 장을 뽑아 영혼에 달통한 僧이 예언을 한다.

례·제사의식 등의 종교적인 행위에서 법률 및 연금술 등의 화학, 또 의학·약학·천문학의 자연과학에 속하는 것, 또 요술·주술·강신술·점성술·복점 등의 신비현상에 이르기까지 일체 모두를 탄트라에 포함시키고 있다. 이와같이 다양한 내용을 가진 탄트라를 탄생시킨 모체가 일반적으로 탄트리즘Tantrism이라고 불리우는 것이다.

이 탄트리즘은 인도인의 역사적인 소산이지만, 실질적인 담당자는 지식계급에 속하는 사람들보다도 주로 사회 저변에 깔려있는 모든 하부구조의 사람들이었다. 이것만 보아도 탄트라에는 통일되지 않은 철학이나 형이상학적이 아닌 장황하고 복잡한 기술이 대부분이고, 비속한 내용이 많지만, 일상생활과 밀착된 인도 대중의 숨결이 직접 반영되어 있다.

말하자면 탄트라는 문화의 표층으로 나타나는 맑은 웃물이 아니고 태고이래 인도 대중의 일상생활의 밑바탕을 흐르는 질척한 침전물이라고도 할 수 있을 것이다. 따라서 탄트라의 기원이 힌두교인가 불교인가 하는 논의는 무의미하다. 다만 서양적인 의미로 종교라고 하면 어떨까 하는 점

탄트라

이 의문이다. 그것은 인도 대중이 옛날부터 침식과 더불어 신을 예배하는 것에 매달려 생활을 이룩해나갔던 그 근저에서 그것이 구체적인 형태를 띠며 표면으로 나타나면 세속의 법률이나 과학이 되기도 하고 종교의례도 되었던 것이다. 이러한 인도 대중의 일상생활, 종교생활의 기본이 된 탄트리즘은 불교·자이나교에는 물론 힌두교에서도 영향을 미쳤다. 탄트리즘이 기본이 되고, 불교교리가 뒷받침하는 것이 불교 탄트라가 되고, 힌두교 전통과 행법을 반영하고 있는 것이 힌두 탄트라가 되었으며, 마찬가지로 자이나교의 특색을 짙게 보여주는 것이 자이나교 탄트라가 되었던 것이다. 7세기 이후 인도의 각 종교는 크든작든 모두 탄트리즘과 연관을 갖고 있음을 알 수 있다.

《쿤상콜로》
라다크 지방, 18세기, 벽화
티벳 불교 사원의 벽에는 이와같은 縱橫同數인 사각형에 티벳 문자를 새긴 그림이 그려진 것이 있다. 일종의 글자 맞추기로 종횡 아무쪽으로나 비스듬하게 읽어도 의미가 통한다. 고승을 찬미하는 것이 많은데 명상에 이용되는 것은 아니다. 본 그림은 디크세寺 勤行堂의 벽.

9
불교탄트라

지금까지 살펴보았던 것처럼 인도 문화의 근저에는 탄트리즘이라는 강이 아득한 옛날부터 쉴새없이 미래를 향해 흐르면서 인도 문화의 기층을 형성하고 있다. 이 흐름은 인도인의 습관·습성·주술 같은 민간신앙적인 것부터 일상 의학이나 과학의 영역, 또는 여러 가지 형태의 종교라든가 철학, 이들 인도인의 일상생활에 관계되는 일체를 포괄하고 있다. 결국 힌두 사회의 기반을 이루는 것으로서 힌두교뿐만이 아니라 불교도 자이나교도 그 영향을 받지 않을 수는 없었다.

불교성전 가운데에 종래의 경전 즉 수트라 대신 탄트라라는 이름이 나타난 것은 일찍이 7세기 후반이다.

왜 이 무렵 갑자기 탄트라가 출현하였던 것일까. 그 정확한 이유는 아직 알 수 없지만, 4세기 이후 굽타왕조시대에 갑자기 브라만교의 전통으로 돌아가자는 복고復古풍조가 대두되고, 의례적인 것이 사회 표면에 나타나기 시작한 사실과 전혀 무관하지는 않은 것 같다.

그러나 현재 우리들이 탄트리즘이라고 부르는 경향은 대승불교 안에서 기원후 비교적 빠른 시기에 표면화되기 시작했다. 재가在家신도를 중심으로 형성된 대승불교의 교단 안에 민중의 일상생활 규범이 부지불식간

에 스며든 것도 그다지 이상한 것은 아니다. 불상을 만드는 방법이나 예배의 의례, 공양의 방법 등이 점차로 불교 경전 속에 나타나기 시작하고, 브라만의 종교의례, 주술 등도 불교에 흡수되었다. 또 아리아 기원이나 비非아리아 기원의 모든 신들이 불교의 판테온Pantheon세계로 흡수되어, 불교의 불·보살·명왕明王 제천諸天 등으로 환생되었던 것이다.

탄트리즘의 기원이 불교가 먼저인가 힌두교가 먼저인가에 관하여 예전부터 논의되어왔지만, 어느 한쪽에서 기원을 찾는 것은 앞에서도 말한 것처럼 의미가 없고, 탄트리즘이라는 인도 문화의 기층으로부터 불교도 힌두교도 자이나교도 각각 그 기저의 지하수를 뿜어올려 독자적인 사상과 종교적인 전통을 수립하였다고 볼 수 있을 것이다.

불교 탄트라는 보통 다음과 같이 4종류로 구분하고 있다. 또 그 배열은 인도 불교 속에서 융성하였던 시기와 거의 맞아떨어지고 있다고 보아도 좋다. 즉, (1)크리야(所作) 탄트라 (2)챠리야(行) 탄트라 (3)요가 탄트라 (4)아누타라요가(無上瑜伽) 탄트라이다.

그 중 〈크리야 탄트라〉는 제존諸尊을 공양하거나 예배하는 종교의례 및 그것을 행하기 위하여 필요한 〈진언眞言〉이나 〈찬讚〉, 〈인계印契〉 따

《3종의 만다라》
라다크 지방, 13세기, 사원벽화.
이 지방에서 가장 오래된 아르치寺 안에는 13세기경 새롭게 건립된 新堂의 서쪽 벽 일면에 그려진 3종 만다라 및 그 주변에 꽉찬 여러 보살의 벽화. 만다라는 모두 《惡趣淸淨 탄트라》에 따라서 그려진 것으로 좌로부터 無量壽·釋迦·全知毘盧遮那를 중심으로 한 金剛界 계통의 만다라이다. 만다라와 여러 보살도 전체적으로 붉은색이 강하며 탄트라의 기록이 아주 충실하다.

위의 외면적인 크리야를 중심으로 설명한 것이다.

〈챠리야 탄트라〉는 이상과 같은 크리야(所作法)에 내면적인 명상 작법을 덧붙인 것으로 일본 밀교에서 중요시하는《대일경大日經》등이 이에 해당된다.

〈요가 탄트라〉는 내면적인 요가, 즉 요가의 명상법을 중심으로 수행자와 불타 및 보살과의 합일을 꾀하는 행법을 설명한 것으로《금강정경金剛頂經》등의 경전이 이에 해당된다.

〈아누타라요가 탄트라〉는 요가 탄트라의 행법을 보다 고도로 체계화하고 있다. 인간의 호흡이나 기관氣管·맥관脈管 활동 등의 생리작용을 응용하여 불타와 범인과의 일체화를 꾀한다. 이것은 〈방편方便 부父탄트라〉와 〈반야般若 모母탄트라〉로 나누어진다.

방편 부탄트라는 실천법이라든가 만다라의 구성에 불교적인 색채가 남아있지만, 반야 모탄트라에서는 불교적인 것보다도 힌두교적인 경향을 극단적으로 나타내고 있는 것이 적지않다. 챠크라 등을 이용하는 탄트라 특유의 실천법도 활용되고 있다.《비밀집회秘密集會 탄트라》같은 것이 부탄트라에 속하고《헤바즈라 탄트라》《산바라 탄트라》같은 것이 모탄

트라에 속하며, 인도 탄트라 불교의 마지막 작품인《칼라챠크라 탄트라》는 부·모 두 탄트라를 종합한 위치에 놓이게 된다.

 방편 부탄트라로 대표되는《비밀집회 탄트라》는 속설에 전해지는 것처럼 금욕적인 질서가 붕괴되었을 때에 생겨난 비밀회의의 산물이라는 의미가 아니다. 비밀집회라는 말에서 그러한 이미지가 풍기기 쉽지만, 인간의 신체활동·언어활동·정신활동의 세 가지 움직임을〈삼업三業〉이라고 부르고 그들이 본래 불佛의 세 가지 움직임과 같다는 데에서〈삼비밀三秘密〉이라고도 부르게 되었던 것으로, 이 삼비밀이 탄트라명인〈비밀秘密〉의 진정한 의미이다. 탄트라 행자의〈신어심身語心〉이라는 삼비밀을 일체화시키는 것이〈집회集會〉이고, 그것에 의하여 궁극적인 깨달음을 얻을 수 있다는 것이다.

 부탄트라의 요가방법에는 다소 성적性的인 경향이 포함되어 있지만, 기본적으로는 진리가 만다라 제존으로 전개되는 과정을 수행자가 관상觀想하는 셈이다. 만다라의 중심인 오불五佛만이 부인을 동반하고 있으나, 그밖에 여성적인 요소는 발견되지 않는다.

 반야 모탄트라의 대표인《헤바즈라 탄트라》나《산바라 탄트라》에 설명

《降三世品에 의한 金剛界 만다라》
라다크 지방, 11세기, 벽화.
금강계 만다라 발전 형태의 하나.
아르치寺 大日堂 西壁의 왼쪽. 보통 금강계 만다라와 비교하면 中尊인 毘盧遮那는 변함없고 네 불타의 색은 마찬가지이지만, 印을 짓지 않고 왼쪽 다리를 뻗은 자세를 취하고 아래쪽의 阿閦은 四面八臂로 발 아래 邪鬼를 밟는다. 또 세번째 칸은 象面의 불상을 비롯하여 힌두교적인 색채를 띠고 있는 것도 이 만다라의 특색으로 꼽을 수 있다.

되어 있는 요가에는 힌두교적인 색채가 농후하여 만다라의 주존主尊에도 여성이 등장하고 힌두신의 이름을 그대로 가진 여존女尊도 적지않다. 여기에는 수행자의 호흡이라든가 생리를 이용해서 진리의 세계로 융합해가는 과정이 설명되고 있다.

《칼라챠크라 탄트라》는 인도 밀교의 가장 후기 산물이고, 요가면에서도 만다라면에서도 부탄트라와 모탄트라 양쪽의 요소를 일원화하려고 노력한 흔적도 보인다. 11세기경에 성립된 것으로, 이 무렵 인도에 침입하여 불교를 파멸의 길로 치닫게 한 원인이 된 이슬람교에서도 언급하고 있는 점이 재미있다.

일본의 밀교는 이러한 인도의 탄트리즘을 원류로 하고 중국 밀교의 영향을 받은 것으로 크리야·챠리야·요가 세 종류의 탄트라를 기반으로 하고 있으며, 아누타라요가 밀교의 전통은 전혀 수용한 흔적이 없다. 왜

냐하면 아누타라요가 밀교가 인도에서 융성하였던 것은 9세기 이후의 일로 공해空海 및 그 제자가 유학했던 시대에는 그것이 아직 중국 불교계에도 알려져 있지 않았기 때문이다.

한편 11세기 이후에 밀교를 중심으로 발달한 티벳 불교는 아누타라요가 탄트라를 주류로 삼고 있다. 인도에 있어서는 13세기 이후 불교가 거의 흔적이 없어져버렸기 때문에 탄트라 불교의 조각·회화·만다라·음악·의례 등은 티벳 불교에만 남아있어, 학문적으로도 중요시되고 있다. 이러한 까닭에 우리들은 히말라야 산맥 주변에 남아있는 티벳 불교를 통하여 인도 불교의 지난날의 모습을 상상할 수 있는 정도이다.

불교 탄트라에서도 탄트리즘의 기본적인 사고방식으로 되어 있는 대립하는 두 원리가 본질적으로는 하나라고 설명하고 있으며 그 생각을 바탕으로 하여 수행의 체계가 세워지고 있다. 불교 탄트라에서는 남성원리는

《금강계 만다라》
라다크 지방, 11세기, 벽화.
아르치寺 3층당의 2층 사방 벽에는 지금까지 알려져 있지 않았던 금강계 만다라 10종류가, 탄트라의 기재내용과 매우 근사한 구성·색채·형태로 그려져 있다. 이것은 동쪽 벽 좌측의 금강계 만다라이다. 가운데 불상은 毘盧遮那 즉 大日如來로 그 사방, 아래에 아축, 왼쪽에 寶生, 위에 無量光, 오른쪽에 不空成就의 네 불타, 네 구석에 金剛女, 제2칸에는 四攝 보살과 속의 四供養四尊, 16대보살, 원 바깥의 네 구석에 밖의 사공양사존을, 아래쪽에 賢劫 16존을 그린다.

방편方便, 여성원리는 반야般若라고 부르며 양자의 합일을 〈대락大樂, mahasukha〉이라고 한다.

〈반야〉는 Prajna의 음역이고, 〈지혜〉는 그 의역어인데, 이 지혜는 진실의 세계에 속하는 것이기 때문에 영원불변하고 활동하지 않는다. 그러나 방편은 반야(지혜)로 하여금 현실적인 활동을 하게 하는 것이다. 반야만으로 방편의 활동을 수반하지 않으면 진리도 무의미한 것이다. 한편 반야에 기초를 두지 않은 방편도 위험하다. 반야와 방편이 일체화되어야만 비로소 진리가 완전히 현현될 수 있다. 그것을 대락大樂이라 부르고, 남녀가 합체된 모습을 그 상징으로 나타내고 있는 것이다.

힌두교 탄트라에 있어서는 남성원리인 프라크리티는 부동이고, 여성원리인 샥티가 활동한다. 이 점은 불교 탄트라에 보이는 남녀의 원리, 활동·정지의 원칙과 반대로 되어 있으나 이원성의 일원화를 궁극적인 목적

으로 하고 있는 것은 양쪽이 모두 같다. 부탄트라의 대표로 후세에 인도나 티벳에서 신봉되었던 《비밀집회 탄트라》에서는 탄트라란 인因, 과果와 방편, 이 셋의 연속체라고 설명한다. 결국 인因으로서의 자신, 과果로서의 불佛, 그리고 중생 구제를 위한 방편이 각각 존재하면서 본래 〈하나인 것〉으로서 묶여져 있는 셈이다. 이와같이 세 가지를 연결시켜 설명했던 것은 그것이 불교 탄트라의 이상이라고 보았기 때문에 생겨난 정의일 것이다.

반야 모탄트라는 힌두 탄트라와 유사한 군달리니 등의 실천법을 설명하고 있고, 그 만다라에도 힌두신을 불교화한 존상尊像이 많이 그려져, 여성인 불佛·보살이 수적으로도 압도적으로 우위를 차지하고 있다. 챠크라라든가 기도氣道의 명칭을 억지로 달리하고 있으나 행법의 목적이나 방법은 거의 동일하므로 그것들의 기반이 되어 있는 것이 탄트리즘임에

《法界語 自在 만다라》
라다크 지방, 13세기, 벽화.
四面八臂인 文殊를 中尊으로 하는 금강계의 降三世系의 만다라. 챠챠프리寺 東堂 좌측 벽 왼쪽. 중존과 그 주변을 꽃잎 모양으로 둘러싸는 8존은 모두 황색, 사방 네 부처의 색은 보통으로 즉 아축(下)은 靑, 보생(左)은 黃, 무량광(上)은 赤, 불공성취(右)는 綠이며 모두 4면8비. 전체로 도안화되어 있고 가장 바깥 테두리에 八吉祥이라는 幢이라든지 甁 등의 축원 印이 8종 그려져 있는 것은 만다라의 티벳화化를 보여주는 것이다.

틀림없다. 불교이든 힌두교이든 탄트리즘의 행법이나 그 배경에 깔린 사상·문화에 대해서는 아직 불분명한 점이 많이 남아있으나 최근 이 분야에 관한 연구가 세계적인 규모로 확산되어가고 있는 것은 기쁜 일이다.

《무드라의 여러 가지 예》
Ⅰ은 힌두 탄트라의 〈요니 무드라〉
만물의 근원, 자궁을 나타낸다. Ⅱ 이하는 密教印.
(1)〈大金剛輪印〉수행자의 신체를 악마로부터 지킨다. (2)〈地結印〉대지를 정화시키고 악마를 쫓는 인. (3)〈環金剛甲印〉수행자가 갑옷을 입고 몸을 지키는 인. (4)〈四方結印〉도장의 사방을 정화시킨다. (5)〈外五鈷印〉5종의 지혜를 나타내는 인. (6)〈法界生印〉도장에 불타를 불러들이는 인. (7)〈召罪印〉중생의 죄, 자신의 죄를 한몸에 모은다. (8)〈轉法輪印〉불법을 교시하는 설법의 인. (9)〈摧罪印〉죄를 깨뜨리는 인. (10)〈大樂印〉불타와 수행자가 일체화하는 인. (11)〈業障除印〉장애를 제거하는 인. (12)〈成善提印〉깨달음을 완성시키는 인.

10
불교만다라

불교에 있어서도 탄트라 사상은 단색 또는 채색한 도형圖形에 의해서도 표현되고 있다. 그것은 명상에 임하여 마음에 비쳐진 대상을 도형화한 것으로 힌두 탄트라에서는 〈얀트라〉라고 명명하고 있으며 불교 탄트라에서는 만다라라고 부르고 있다. 힌두교의 얀트라는 앞에서 살펴보았던 것처럼 삼각형이 기조를 이루고 있으며, 상향의 삼각형은 남성원리를, 하향의 삼각형은 여성원리를 상징하고 보통 복수의 삼각형을 서로 반대로 짜맞춘 형태를 기본으로 하여 구성되어 있다.

얀트라는 최근에 와서 일본에 소개되었지만, 만다라는 오래 전부터 일본인들에게 친숙해져 있다. 9세기 초엽 홍법대사弘法大師 공해空海에 의하여 금강계金剛界와 태장계胎藏界가 한 쌍을 이룬 〈양부兩部 만다라〉가 일본에 전해졌으며 이와 동류의 것이 진언종眞言宗 사원에 봉안되어 예배의 대상이 되고 있는 경우도 많다. 만다라라는 말은 일본에 들어와서

만다라의 모양이라든지 복잡한 것의 집합과 같은 의미로 사용되고 있다.

만다라는 일반적으로 불佛, 보살菩薩의 집합도集合圖와 같이 생각하고 있으나 원래는 인도에서 신들을 제사 지낼 때에 토단土壇을 쌓았던 것으로 그 토단의 의례를 불교가 흡수한 것이다. 현대에도 인도 불교의 전통을 계승하고 있는 티벳 불교에서는 토단을 쌓아올려 그 위에 흰 가루로 선을 긋고 우분牛糞을 모아 연료로 해서 기름을 붓고 호마護摩(밀교의 의식)의 의례儀禮를 행하고 있다. 만다라의 원형은 바로 이러한 형태로서 현재까지 계승되어오고 있는 셈이다. 만다라에는 누문樓門이나 성벽城壁 같은 것이 보이는데 그곳을 살펴보면 고대 인도의 왕성王城을 모방하여 만든 것이라 생각하면 틀림이 없다. 불교 탄트라의 주석서 가운데서 만다라 제존諸尊을 왕궁에 거주하는 왕·후后·대신大臣·왕녀·여궁 등으로 배치했다는 설이 있는 것도 양자의 밀접한 관계를 말해주고 있는 것이

《챠크라 산바라 만다라》
라다크 지방, 18세기, 세사寺 勤行堂의 벽화.
인도에서 9세기 이후에 번성하였던 불교 탄트라의 대표《챠크라 산바라 탄트라》에 근거하여 그린 것. 중존은 女尊을 껴안은 4면12비의 챠크라 산바라. 사방은 네 불타의 색, 즉 아래에서부터 오른쪽으로 돌면서 청·황·적·녹 네 가지이며 삼각형으로 구분되고 있다. 중존을 중심으로 팔방으로 꽃잎 모양으로 퍼지는 輻輪은 3중 바퀴로 둘러싸여 합계 24개의 남녀합체상이 그 속에 들어있다. 만다라를 둘러싼 원에 장례터의 풍경 등이 면밀하게 묘사되어 있는 것은 반야 모탄트라계의 만다라에서 자주 볼 수 있다.

다. 얀트라가 도형圖形을 주로 하는 데 비하여, 만다라에서는 그 속에 불佛, 보살菩薩, 명왕明王 등이 그려져 있는 점이 다르다.

불교 만다라에는 자이나교에 있어서와 같은 인체우주도人體宇宙圖라든가, 힌두교에서와 같은 인체・연꽃・챠크라・조수鳥獸 또는 삼각과 사각의 구성 따위의 그림은 없고 전부가 불・보살・명왕 등의 구체적인 모습을 포착하여 표현하고 있는 점이 특색이다.

일본에서는 보통 〈태장胎藏 만다라〉와 〈금강계金剛界 만다라〉를 한 쌍으로 하여 〈양부兩部 만다라〉라든가 혹은 〈양계兩界 만다라〉라고 부르고 있다. 그러나 양만다라를 한 쌍으로 한 사상은, 실은 중국의 독특한 방법이므로 인도에서는 그 기원을 찾을 수가 없다.

태장 만다라는 챠리야 탄트라의 대표적인 경전이 되어 있는 《대일경大日經》에 기초하여 그려진 것이므로, 중앙의 대일여래大日如來를 중심으로 주변에 사불四佛, 사보살四菩薩을 늘어세운 여덟 개의 연꽃잎이 둘러싸고 있다. 태장 만다라는 〈중태팔엽원中台八葉院〉이라고 불리우는 중심

부의 사방이 방형方形으로 둘러싸인 11부분으로 되어 있다. 안쪽에는 석가·문수·관음·금강수 등의 불이나 보살이 각 부분마다 들어가 있고, 가장 바깥쪽 사방 주변은 힌두교 신으로 채워져 있다.

태장 만다라는 정신 명칭이 〈대비태장생大悲胎藏生 만다라〉였으나 통칭 태장계 만다라라고 부르고 있다. 모친이 태아의 성장을 위하여 끝없는 정성과 애정을 쏟는 것처럼 부처님께서 중생들에게 무한한 대자비를 베푸시는 모습을 도형화한 것이 태장 만다라라는 것의 본래 의미이다.

태장, 금강계의 양만다라가 한 쌍을 이루는 것이 보통이고, 금강을 남성 성기의 의미로 파악하여, 이 양부의 만다라를 남녀의 관계로 보려고 하는 설도 있으나 정확한 근거가 없는 속설이다.

금강계 만다라는 요가 탄트라의 대표가 되는 《금강정경金剛頂經》에 근거하여 그린 만다라를 말한다. 금강이란 견고하여 부서지지 않는 깨달음의 마음 즉 보리심菩提心을 금강석에 비유하여, 그것을 본체 즉 〈계界〉로 하는 만다라라는 의미이다. 전체를 종횡 3종의 테두리로 구분한 9개의 칸

《분노존의 군무》
라다크 지방, 20세기, 벽화.
디크세寺의 근행당 벽화. 티벳 불교 사원에는 多面多臂의 분노존이 많다. 인간에게 찾아드는 여러 가지 불행은 악귀의 소행이기 때문에 그것을 퇴치하기 위한 분노형 불상들이 절과 승려, 민중을 보호한다고 믿어왔다. 모두 탄트라 불교의 대표적인 분노존으로 왼쪽에서부터 칼라챠크라, 챠크라 산바라, 헤바즈라, 6비인 마하칼라와 그 주변 사방에 眷屬이 그려져 있다.

으로 되어 있다. 만다라를 구성하는 제존의 명칭과 배치를 보면 태장 만다라 속에는 대승불교에 들어있는 방대한 수의 불·보살·명왕에서부터 성수星宿(星座)·귀신에 이르기까지 제존이 교묘하게 분류되고 정리되어 있는 것을 알 수 있다.

그에 비하여 금강계 만다라는 대일여래를 중존中尊으로 하는 네 불佛을 핵으로 하여 합계 37존으로 이루어져 있다. 결국 태장 만다라는 대승불교의 불·보살을 비롯하여 힌두교의 제신을 그대로 받아들여 각각의 근원과 성격에 따라서 그룹별로 분류하였지만, 금강계 만다라는 태장 만다라에 있는 제존에다 불교의 독특한 사고방식을 덧붙여 밀교 특유의 존尊으로 변신시켰던 것이다. 후기의 인도 밀교 및 티벳 밀교에서는 태장 만다라가 그다지 중요시되지 않고 금강계 만다라만을 점차 발전시켜 나가게 되었는데 태장 만다라가 금강계 만다라에 의해서 발전적으로 해소되었다고 보았기 때문일 것이다.

일본에서는 만다라라고 하면 금강계와 태장의 양부 만다라가 대표적인 것으로 생각되고 있다. 그러나 인도나 티벳에 전해진 만다라를 종합해보면 양부 만다라만 있는 것은 아니다. 티벳 문화권에 남아있는 만다라는 금강계 만다라 및 그 계통을 빼놓고도 만다라가 수십 종이나 있는 것을 의외로 일본에서는 전혀 모르고 있다. 그럼에도 불구하고, 일본에서 인기가 있는 태장 만다라는 티벳 문화권에서는 아직 발견되지 않았다. 인도에서는 앞에서 서술하였던 것처럼 13세기 초에 불교가 사라져버렸기 때문에 불교 만다리는 남아있지 않다. 그러나 인도 불교의 전통을 비교적 충실히 계승한 티벳 불교의 문화권 속에 많이 전해 내려오고 있다.

즉 티벳·부탄·시킴·네팔, 서티벳의 라다크·스피디·라홀 등지의 경우이다. 이들 가운데 티벳 자치구는 중국령이어서 현재 그 이상의 조사가 진행되지 못하고 있으며 부탄·시킴 지방은 최근에야 외국인에게 개방되었기 때문에 만다라의 내용과 종류에 관해서 유감스럽게도 불명확하

《六道輪廻圖》
라다크 지방, 20세기, 벽화.
헤미스寺의 근행당의 외벽.
티벳 불교에서는 원을 6등분하여 동물이 6종으로 환생하는 윤회의 세계를 묘사하고 있다. 아래로부터 지옥·아귀(右下)·축생(左下)·수라(右上)·인간(左上)·천상(最上)을 나타내며 권선징악을 가르치고 있다. 자이나교 탄트라와 대비시켜보면 아주 흥미롭다.

다. 네팔에 남아있는 만다라의 화포畫布(즉 탕가)는 그 정도 오래된 것이 발견되지 않고 있으며 만다라 종류 전체에 영향을 미칠 만한 것은 거의 찾아보기 어렵다.

한편 서티벳 가운데 라다크 지방의 만다라에 대해서는 일본의 고야산 高野山대학이 3년 동안에 걸쳐서 학술조사를 실시하여 11세기부터 거의 현재에 이르기까지 그려진 각종 만다라를 발표하였다. 그 가운데 가장 오래된 금강계 만다라 10여 종은 아직 일본에도 알려지지 않았던 금강계 만다라 계통에 속하는 것으로 불교 탄트라 연구에도 중대한 의미를 갖는 것으로 판명되고 있다. 라다크 지방에서 발견된 만다라는 인도 불교 탄트라의 시대나 종류별로 각각 대표적인 것을 총망라하고 있다고 여겨지므로 그 중에서 20여 점을 본문 가운데 게재하였다. 이 라다크 지방의 불교 벽화 가운데 11세기부터 13세기 무렵까지 그려진 옛날 것에는 캐시미르 또

는 중앙아시아의 영향이 강하고, 금강경 만다라를 비롯하여 관음·문수 文殊·아미타阿彌陀·반야바라밀般若波羅密·다라多羅 등의 온화한 모습을 한 평범한 불타나 보살이 주종을 이루고 있다. 한편 라다크의 대다수 사원은 15세기 이후에 왕실의 비호를 받으며 건립된 것이다. 이들 새로운 사원의 벽화는 중앙아시아의 회화의 영향보다도 동방 티벳 회화의 수법에서 강하게 영향을 받았음을 알 수 있다.

불상의 종류도 풍부하여 바즈라바이라바·헤바즈라·칼라챠크라·마하칼라 등의 다면다비多面多臂의 분노존憤怒尊이 주를 이루고 있으며, 남녀교합상〈야붐〉도 많이 있다. 9세기 이후 인도에서 발달한 후기 밀교의 영향이 현저하게 나타나 있으며 힌두 탄트라 회화와 비슷한 제재나 수법도 눈에 띈다.

보기만 해도 활력이 넘치는 짙은 채색의 불교 탄트라의 벽화라든가 화

《雙身의 法身普賢》
라다크 지방, 19세기, 벽화.
불교 탄트라 회화·조각 가운데에서 왕비를 껴안은 야붐 형태를 취한 것은 거의 분노존에 한정되어 있지만 온화한 모습을 띤 5불의 雙身形도 없는 것은 아니다. 라마유르사의 白傘蓋堂에 5불이 각각 다른 색을 가진 쌍신 즉 야붐형을 취하고, 좌측의 5불을 총괄하는 법신보현이 흰색의 왕비를 껴안고 있는 모습을 묘사하고 있다. 모두 인간 사후에 中有 세계의 지배자로서 넓게 민중 사이에 신앙되고 있다.

포畫布는 종래의 일본인이 불교에 대하여 웬지 모르게 갖고 있었던 어두운 이미지를 말끔히 지울 수 있을 정도로 박력이 있다. 색과 형태 그리고 표정·소유물·사지의 위치·탈것 따위도 모두 경전 속에 정해져 있는 규칙대로 전개되어 있고, 그것이 인도의 여러 가지 사상이라든가 전통적인 규칙에 의하여 증명되고 있으며, 하나하나가 나름대로 상징적인 철학을 지니고 있다.

이는, 사상은 문자라든가 언어를 가지고 표현하는 것이라는 종래의 고정관념을 무너뜨릴 정도로 전혀 이질적인 세계이다. 인도나 티벳 문화는 미개하고 열등한 것이라는 일반적인 선입관을 떨쳐버리게 하는 세계관인 것이다. 구체적인 것을 통해서 추상적인 진리를 나타내는 표현방법을 사용하여, 인도나 티벳의 탄트라 미술은 독자적인 사상을 표명하고 있다. 유한적적幽閑寂寂한 상태를 즐기는 것은 일본인 특유의 방법이다. 그런

데 탄트라 미술에서는 활력에 넘치는 약동하는 불, 보살 그리고 귀신들이 색과 형태를 가지고 우리들에게 진리를 일러주고 있다. 이러한 세계가 동양문화의 전통 속에 본래부터 존재하고 있었다는 것을 힌두교·불교·자이나교를 포함한 탄트라 미술은 우리에게 알려주고 있다.

《금강계 입체 만다라》
라다크 지방, 13세기, 목조.
이곳의 오래된 사원 勤行堂에는 금강계의 五佛의 조각상이 모셔져 있다. 비로사나는 四面으로 智拳印이라는 忍者와 같은 結印을 한다. 그 좌우 2단에 4불이 나란히 선다. 주변에 飛天, 鳥獸 등을 배치하고 용왕이 아래에서 받쳐준다. 숨다寺의 근행당 정면에 있는 像. 여기에는 5불을 둘러싼 금강계의 37존이 전부 조각상으로 모셔져 있으며 전체가 완전한 입체 만다라를 구성하고 있다.

《녹색의 타라 여존》
라다크 지방, 11세기, 벽화.
아르치寺 3층당 2종. 동벽정면의 벽면. 1면8비. 주변의 八難救濟圖와 함께 그 사람들의 복장은 서방의 특색을 띠며 섬세한 화법을 보여주고 있다. 타라는 관음의 화신인 여존이다. 보통 관음의 특성인 팔난구제가 이처럼 타라의 주변에 그려져 있는 것은 드문 일이다. 불교 탄트라 미술 가운데에서도 이들 보살상은 온화한 모습을 하고 있으며 남녀합체상은 발견할 수 없다.

《11면 관음》
라다크 지방, 11세기, 벽화.
아르치寺 3층당의 2층 서쪽 벽의 중앙, 11면22비의 관음, 두 사람의 시녀와 함께 날씬한 몸매, 세심한 옷맵시 등 라다크 지방의 오래된 벽화의 특색인 캐시미르를 비롯한 서방 문화의 영향을 강하게 받았음을 알 수 있다. 상부 3단에 겹쳐진 8면은 청·황·적색 등의 색채가 보인다. 이 당에는 이밖에도 적색·청색 등 색이 다른 동형의 11면 관음 벽화를 볼 수 있다.

《칼라챠크라 만다라》
라다크 지방, 20세기, 헝겊에 안료.
인도 밀교의 가장 후기에 완성된《칼라챠크라 탄트라》에 근거하여 묘사한 만다라. 세체寺 소장품인 화포畵布. 인도 밀교의 총결산이라고 볼 수 있는 만다라에 어울리는, 방대한 수에 달하는 불상으로 구성되어 있다. 여기에 게재한 것은 최근 작품으로 발대한 수의 제존을 그리지 않고 점과 선 그리고 진언의 도형화를 주체로 한 만다라로 바뀌어져 있다. 색채는 선명하며 힌두교의 얀트라에 가까운 인상을 준다.

《三面六臂의 분노존》
라다크 지방, 바스고寺, 16세기, 벽화.
尊名이 명확하지 않으나, 도상학적으로 보아 코르다-브릭티 Korodha-bhrkti에 가깝다.
배후의 火炎光背가 매우 특이하다.

《六臂 반야보살》
라다크 지방, 알치寺, 11세기, 벽화.
六臂에는 염주와 梵筴을 들고 있다. 범협은 반야보살의 본질인 반야경般若經을 상징한다.

《반야보살의 眷屬》
라다크 지방, 알치寺, 11세기, 벽화.
女尊像으로서 반야보살의 변화형의 하나로 전해진다.

《十一面 관음》
라다크 지방, 알치寺, 11세기, 벽화.

《타라 보살》
라다크 지방, 알치寺, 11세기, 벽화.

《多面多臂의 가르다》
라다크 지방, 구루堂, 벽화.
가루다Garuda는 새의 모양을 하고 있는데 뱀(나가)을 먹음으로 각 손으로 뱀을 지배하고 있다.

〈六臂 마하칼라〉
라다크 지방, 휘얀寺, 18세기, 벽화.

《나로다키니》
라다크 지방, 스피투크寺, 18세기, 벽화.
고대로부터 캬아리안석인 여성숭배의 영향을 받는 다키니의 일종.

《護法尊 라모》
라다크 지방, 알치寺, 11세기, 벽화.

〈守護尊 헤바즈라〉
라다크 지방, 구르堂, 벽화.
라마승에게 가장 인기 있는 수호존 중의 하나.

《칼라챠크라 合體尊》
수호존인 칼라챠크라와 그의 샥티인 비슈바마타.
칼라챠크라는 無上瑜伽 탄트라 가운데 뒤늦게 성립된 칼라챠크라 탄트라의 本尊. 인도密敎의 최후 단계를 나타내 보여준다.

《靑色忿怒尊 체쵸그헤루가》
라다크 지방, 라마유루寺, 벽화.
八面 八臂 八足으로 샤티를 포옹하고 있다. 일명 얌마리像으로 불리우며 죽음의 神 얌마를 타파한다고 믿어져 인도 고대로부터 인기가 있다.

《護法尊 야만타카》
라다크 지방, 스피투크寺, 18세기, 벽화.
야만타카Yamāntaka란 죽음의 神 얌마를 정복한다는 의미이다. 일명 뱌즈라바이라바라고도 불리운다.

《赤色忿怒尊 하야그리바》
라다크 지빙, 라마유루寺, 벽화.
머리 위에 말의 머리가 올려져 있는 것이 특징. 三面三臂四족이며 샥티를 껴안고 있다.

《무덤의 神, 티티파티》
라다크 지방, 스피투크寺, 18세기, 벽화.

《白色의 다키니》
라다크 지방, 사스폴寺, 18세기, 벽화.
다키니 중에서 가장 뛰어난 백색 파그모로서 바즈라바라히라 불린다. 하급의 정령적 존재이지만 그 신비적인 힘 때문에 護法尊의 성격을 띠고 있다.

11

요가 행법

현대인은 자신의 주변에 있는 모든 사물을 자신과는 무관한 것으로 보고, 그것을 몇 가지 요소로 분해하고, 수식화하거나 기호화하여 그것만으로 그것의 본질을 파악하였다고 생각하는 것 같다.
　그러나 이러한 분석적인 사고방식만 가지고 과연 사물의 본질을 파악할 수 있을 것인가? 예를들면 눈물을 화학적으로 분석해보면 H_2O라는 물의 성분이 대부분을 차지하고 있다는 사실을 발견하게 된다. 그러나 우리들이 인생을 살아가면서 슬플 때와 기쁠 때에 흘러나오는 눈물의 질의 미묘한 차이는 화학분석의 숫자로 나타낼 수가 없다. 이러한 경우 눈물을 객관적·분석적으로 해명하기보다는 주관적·종합적으로 그 사람의 생활방식에 직접 접근해가는 편이 눈물의 본질을 파악하는 데 도움이 될 것이다.
　객관적으로 사물을 관찰해가는 방법은 과학기술문명의 발달에 적지않

탄트리

게 공헌하였다고 할 수 있지만, 자칫하면 현상면現象面의 부분적인 해명에 머물고, 사물의 내면에까지 이르는 전체적인 파악이 어려워질 우려가 있다. 현상의 외면을 어림짐작으로 찾는 객관적인 방법에 의하여 자신의 본질 다시 말하자면 사소한 자신을 이루고 있는 커다란 생명의 근원을 밝혀낸다는 것은 불가능한 일일 것이다.

과학적이고 근대적인 사고방식으로는 추구할 수 없는 본원적인 자아를 파악하는 데는 정신적인 노력에 의하여 내면적으로 자기를 파고들어 갈 필요가 있다. 탄트라에서는 〈요가〉의 행법, 즉 명상에 의하여 본래의 자아가 드러난다고 말한다.

요가란 산스크리트어의 〈유지yuj〉라는 어원에서 나온 말로「멍에에 말을 매어둔다」라는 의미이다. 즉 인간의 정신활동을 일정한 곳에 고정시켜 묶어두어 움직이지 못하게 하는 것이다. 말을 붙들어 매어 함부로 행동하

《야마》
라다크 지방, 20세기, 벽화.
1면2비. 두 개의 뿔을 가진 牛面으로, 소를 타고 그 아래에 있는 귀신을 밟는다. 裸身으로, 오른손에 촉루봉髑髏棒, 왼손에 견색羂索을 들고 있다. 인도에서는 死神이었는데 불교에 교화되어 불법의 수호존으로 바뀌어 지옥을 다스린다. 불교에서는 문수의 화신으로 보고 있다. 디몽간사의 미륵당 벽화.

지 못하게 하는 것처럼, 인간의 감각기관이나 사고의 활동을 억제하여 잡념이라든가 망상이 생겨나는 것을 정지시켰던 사실에서 요가는 나중에 명상瞑想을 가리키는 말이 되었던 것이다.

요가의 행법은 불교가 흥하기 이전에 이미 인도에서 체계화되어 있었다. 불교에서는 명상을 〈선정禪定〉 즉 디야나dhyana라는 형태로 원시불교에서도 받아들이고 있었다. 또 대승불교에 있어서 요가는 〈유가瑜伽〉로 한역되어 〈깨달음〉에 이르는 과정으로써 적극적으로 활용되고 있다. 불교 탄트리즘에 있어서도 요가는 절대자 즉 대우주와 인간 즉 소우주가 본래 하나라는 것을 명상을 통하여 체득하는 방법으로써 활용되어 왔다.

인도의 요가는 10여 종으로 나뉘며 각각 독특한 이름이 붙어있으나, 실천방법에 따라서 그것을 대별하면 두 종류로 나눌 수 있다. 하나는 제어의 요가이고, 다른 하나는 활용의 요가이다.

〈제어요가〉는 인간의 감각기관 내지 생리작용을 제어하고 혹은 생활을 정지시키는 고행이라든가 금욕이라는 행위로써 최종적으로 해탈을 얻고자 한다. 〈라쟈 요가〉(왕의 요가), 〈카르마 요가〉(실천의 요가), 〈즈냐나 요가〉(지혜 요가) 등이 여기에 해당된다. 〈라쟈 요가〉의 기원은 기원전으로 거슬러 올라가지만, 그 행법체계는 5세기경에 성립되었다고 생각할 수 있는 〈요가 수트라〉에 이르러 완성되었다. 그 가운데서 설명하고 있는 〈팔지八支 요가〉는 이 요가의 전형으로 도덕적인 금령禁令을 비롯하여, 좌법坐法·호흡조절·감각기관의 제어·주의력의 지속·명상·정신집중 등의 감각기관의 활동을 정지시키고 의식의 통일을 주요한 내용으로 하고 있다.

한편 〈활용 요가〉는 감각기관이라든가 생리작용을 적극적으로 응용하고 자연의 힘과 인간이 본래 갖고 있는 활력을 이용한다. 인도의 요가 형

《바즈라바이라바》
라다크 지방, 20세기, 벽화.
야만타카라고도 부르는 바즈라바이라바像, 3단에 나란히 늘어선 9면으로, 중앙은 牛面의 무서운 모습을 하고 있지만, 최상단의 일면은 상냥한 문수의 형상으로 본래 보살이었음을 나타내고 있다. 20개의 팔을 배후에 부채처럼 나란히 펼쳐 각각 무기를 들고 있게 하며 청색 왕비를 안고 16개의 발로 복수의 귀신이나 鳥獸를 밟아누르고 있다. 전방의 두개골에 들어있는 공양물은 根花이고 인간의 五根, 즉 눈·귀·코·혀·몸의 감각기관을 꺼내서 분노존에 바쳤던 것.

태로 본다면 〈하타 요가〉(황행荒行 요가), 〈박티 요가〉(신앙 요가), 〈라야 요가〉(병합 요가), 〈만트라 요가〉(진언 요가) 등이 여기에 속한다.

〈하타 요가〉는 요가 행법의 육체적·생리적인 힘을 응용하고, 그 힘을 가다듬어 명상에 적합한 신체와 정신을 만들어내는 것으로, 다른 요가의 준비단계로써도 이용된다. 일본에서 최근에 성행하게 된 미용이라든가 건강증진을 위한 체조로 활용되고 있는 요가는 주로 하타 요가에서 부분적으로 채용한 것이다. 〈라야 요가〉는 〈군달리니 요가〉라고도 말하며, 인간 신체의 최하부에 몸을 사리고 자는 뱀蛇군달리니kuṇḍalini를 깨워서 정수리의 시바와 합체시킴으로써 해탈을 얻는 방법으로 힌두 탄트라의 대표적인 요가로 간주되고 있다.

탄트리즘에는 세계창조를 둘러싸고 한 가지 전승傳承이 있다는 것은 앞에서 서술한 바와 같다. 즉 순수한 정신원리인 남성신 시바와 현실세계

를 창조해가는 힘의 원리인 여성신 샥티라는 남녀 한 쌍의 원리가 세계를 창조하기 위하여 필요하다고 하는 것이다. 이 두 가지 원리는 또 현상계의 모든 사물에도 내재되어 있는데, 인체에 있어서는 시바는 뇌천腦天에, 샥티는 골반의 기저부, 항문과 성기 중간의 회음부會陰部에 머물고 있다.

시바가 머무는 자리는 〈사하스라라〉라는 둥근 바퀴 즉 〈챠크라〉이고 샥티는 척추의 맨 아래의 〈물라다라〉라고 하는 챠크라에 있다. 이 양륜兩輪 사이에 척추에 따라서 다섯 개의 챠크라가 늘어서있다. 아래쪽부터 차례로,

1) 스바디스 타나(性器基部)
2) 마니프라(臍)
3) 아나하타(心臟)
4) 비슈다(喉)

《야마리像》
라다크 지방, 20세기, 벽화.
死神인 焰魔를 물리친 신으로 인도에서는 옛날부터 인기가 있으며 염마의 적이라는 의미의 〈야마리〉라는 이름이 붙여져 있다. 세 개씩 3단으로 겹쳐진 9면18비. 1면2비의 왕비를 껴안고, 상피象皮를 뒤집어쓰고 있으며 8족으로 복수의 귀신이나 조수를 밟는다. 등 뒤에 날개가 달린 점이 특이하다. 아만타카와 마찬가지로 믿고 있으나 牛面은 아니다. 라마유르 寺의 護法堂의 왼쪽 벽.

5) 아즈냐(眉間)

라는 이름의 챠크라이다.

물라다라를 포함하여 이들 여섯 개의 챠크라는 연꽃 모양을 하고 있다. 각각의 연꽃잎은 색·형태·꽃잎수가 다르고 또 각각의 챠크라가 갖는 성격도 다른데 하향下向의 챠크라일수록 그 성격은 물질적이고 발동의 방법도 동물적이다. 상향上向일수록 정신적인 요소가 강해지고 최상에 위치하는 꽃잎이 1천 개인 사하스라라는 아주 순수한 정신원리이다.

이들 여섯 개의 챠크라를 통해서 사하스라라에 다다르기까지 이른바 우주주宇宙柱가 통하고 있고 그 기둥은 미세한 에너지를 아래에서 올려가는 수송관 역할을 하는 세 가지 기도氣道로 되어 있다. 중앙이 〈스쉼나〉, 오른쪽은 〈이다〉 왼쪽이 〈핑갈라〉라는 눈에 보이지 않는 에너지 회로이다.

맨 아래의 물라다라 챠크라에 뱀의 모양을 하고 잠자고 있는 샤티는 또아리를 틀고 있는 여자라는 의미로, 〈군달리니〉라고 부르는 활동력의 상징이었다. 이 군달리니는 평소에는 잠자고 있기 때문에 프라나라는 생기生氣가 대신 신체를 돌며 움직이게 하고 있다. 이 또아리를 틀고 잠자고 있는 활동력 군달리니를 일깨우게 하기 위하여 〈아사나〉라는 좌법, 〈쿰바카〉라는 호흡법, 〈반다〉라고 하는 목·배·항문 등의 긴축법, 〈무드라〉라는 이상의 법을 종합한 자세 등과 같이 신체라든가 생리적인 힘을 이용한 요가가 활용되고 있는 셈이다.

힌두교 요가 행법에는 좌도左道와 우도右道라는 구별이 있다. 〈좌도 요가〉라는 것은 대부분 제6장에서 서술하였듯이 섹스를 통하여 이루어지지만, 〈우도 요가〉는 챠크라를 활성화시켜 해탈을 꾀하는 것을 목적으로 하고 있다.

《헤바즈라》
라다크 지방, 17세기, 벽화.
8면16비로 손에는 모두 두개골을 들고 청색, 발 아래에는 귀신을 밟고 있다. 1면2비인 왕비를 안고 있다. 이 불상의 오른손의 두개골 가운데에는 탄트라 특유의 공양물인 오감로, 즉 소·개·코끼리·말·인간 등의 5종의 고기가 담기고 왼손의 두개골 속에는 5종의 색을 한 인간이 넣어져 있다. 티완寺의 로픈데비당의 벽화.

우도의 요가법을 따르는 탄트라 행자는 요가에 의하여 스스로 최하의 챠크라에서 잠자는 군달리니를 일깨우면 군달리니는 또아리를 완전히 풀고 기저부와 스쉼나 기도氣道 사이의 꽃잎을 돌파하고 기도를 통하여 챠크라를 빠져나가 뇌천腦天인 사하스라라에 이른다. 그곳에서 샥티는 정신원리인 시바와 완전히 합일을 이룬다. 그때 전신에 형언할 수 없을 정도의 기쁨이 넘쳐흐르고 자아는 숭고한 우주의식과 합체된다.

이 상태가 〈해탈〉이다. 결국 물질적·육체적인 성격이 강한 자아를 점차로 일깨워가면서 최종적으로는 순수한 정신원리로 동화시키는 것이 그 목적이다.

일단 샥티가 정상의 시바와 합일을 이루면, 육체적·생리적인 기능은

잠시 정지하고, 일상적인 의식을 잃어버리는 상태가 된다. 그것은 일시적인 것이므로 샥티는 본래의 기도를 통하여 순차적으로 하강하여 최저부의 챠크라로 되돌아온다.

 단 한 번 샥티를 상승시켜서 기도를 열면 챠크라는 개발되고 프라나가 자유로이 왕래하게 된다. 또 샥티는 점차로 자유자재로 정상으로 상승하거나 하강할 수 있게 된다. 이 샥티를 가능한 한 자주 챠크라를 통하여 상승시키고 최종적으로는 정상에 머물러서 하강시키지 않도록 하는 것이 힌두교 탄트라 행자의 목적이다.

 하타 요가를 비롯한 탄트라 행법은 어느 정도 육체적인 훈련이 필요하고 안이하게 실행하면 위험이 따른다. 탄트라는 독서나 단지 학문적으로

《四臂 마하카라》
라다크 지방, 휘얀寺, 18세기, 벽화.

듣기만 해서는 체득할 수 없고 오직 실행함으로써만 의의가 있다. 그렇기 때문에 탄트라 행법에서는 우선 뛰어난 스승을 만나서 면밀한 개인지도를 받아 실천하는 것이 필수조건이다. 인도에서는 스승을 구루Guru라 하며 즉 〈존경받아야 할 사람〉이라는 의미를 가지고 있다. 사상적인 교리의 전승보다도 실천적인 행법의 상승相承을 중시하는 탄트라에 있어서는 스승이 없이는 깨달음이라는 궁극적인 목적에 도달할 수가 없다. 따라서 탄트리즘에서 스승의 지위는 그 무엇과도 비할 수 없이 존귀하다. 불교 가운데서도 탄트리즘의 영향을 강하게 받고 있는 티벳 불교는 〈라마교〉라는 별명도 있는데, 티벳어로 라마는 스승이라는 의미로서 티벳 불교가 불법승佛法僧의 삼보三寶와 나란히 스승을 극진히 숭배하는 점에서 이 이름이 생겨났다고 한다.

12 탄트라와 섹스

힌두교이든 불교이든 탄트라 회화나 조각을 보고 우선 강렬한 인상을 받는 것은 적나라한 섹스의 표현이다. 남녀의 교합상, 혹은 남녀의 성기가 노골적으로 그려지거나 조각되어 있으므로 현대인의 통상적인 감각으로 본다면 기이한 느낌이 드는 것도 당연하다. 게다가 탄트라 성전에는 성적인 서술이 적지않다. 이와같이 분망한 성의 표현을 부도덕이라든가 포르노라고 단정하고, 종교라는 미명하에 행하여지는 외설에 얼굴을 찌푸리는 지식인도 없지 않았다. 탄트리즘이 저속한 원시종교와 같이 취급되어왔던 것도 대부분 이러한 연유에서 비롯된 것이었다.

　전前세기와 금세기초에 걸쳐서 서구의 학자들도 탄트리즘에 대하여 매우 가혹한 평가를 내려왔다. 기독교의 근대적인 윤리관을 가지고 탄트리즘을 단죄하였던 것이다. 일본에서도 그러한 비판적인 태도가 받아들여지고, 더구나 유교적인 도덕률이 남아있었기 때문에 2차대전 전까지는 탄

트리즘의 세계는 무시되거나 혹은 종교라고 부를 만한 가치가 없는 비천한 풍습이라고 지탄을 받아왔다. 그런데 제2차대전 이후에 인도의 종교·풍속·문화의 연구가 인문과학·사회과학·자연과학 등 각 분야에서 다각적으로 추진되어, 탄트리즘에 대한 대전 전의 편견이 점차 사라지게 되었다.

세속의 일반적인 윤리나 근대인의 도덕관념으로 본다면 섹스에 대한 탄트리즘의 태도가 이상하게 보일는지 모르겠지만, 그렇다고 성적인 방종을 의미하는 것은 아니다. 그것은 고대 인도의 농경의례를 계승하고 있는 것으로 기존의 문화를 전폭적으로 수용하고 있으며 생동감있는 특성 또한 인도 문화의 특이한 성격과 밀접한 관계가 있다.

현재 인도인은 서력 기원전 1500년 내지 1200년경 힌두쿠시 산맥을 넘어서 침입해온 아리아인이 주류를 이루고 있다. 이 아리아인의 인도 침입

《宇宙樹 가르바 브릭샤》
라쟈스탄 지방, 18세기경, 종이에 안료.
산스크리트어 텍스트인 채색사본《상그라하니 수트라》중의 〈희망의 나무〉. 인도에서는 옛날부터 수목 신앙이 있었는데 수목이라 불리우는 모든 수목은 승려가 꽃이나 공양물을 갖춰서 예배하는 특정의 〈樹神〉의 지배를 받고 있다고 일반인들은 믿고 있었다. 수목은 冥界와 이 세상, 이 세상과 天界와의 교량 역할을 담당하고 있다. 右上圖는 인드라신의 낙원에 있는 神話樹. 이 나무 그늘에 앉아있기만 해도 희망을 성취할 수가 있다고 하므로 탐색자가 나무에 올라가서 소원을 이루는 과실을 맛보고 있다.

《희망의 나무 가르바 브릭샤를 묘사한 채색사본》
라쟈스탄 지방, 18세기경, 종이에 안료.

이전에 이미 상당히 고도로 발전된 문명을 가진 원주민이 있었던 것 같다는 생각은 금세기 초에 인더스강 유역 하라파나 모헨조다로의 유적을 발굴해낸 결과 밝혀진 셈이지만, 이 선주민들의 문화는 아리아인의 문화와 완전히 성질이 다르며, 주로 농업에 종사하고 모계 중심의 가족제도를 가진 부족을 구성하고 있었던 것 같다. 그 유적조사 결과에 의하면 이들 비非아리아인들은 이미 조수鳥獸·수목·여신·생식기 등의 신앙을 가지고 요가를 행하였다는 사실이 밝혀졌다. 게다가 남성 성기인 링가, 여성 성기인 요니 숭배사상이 농경민족이었던 비아리아인의 문화에는 옛날부터 있었다는 사실이 발견되었다. 그러한 것이 후에 힌두 문화에 흡수되어 여러 가지 힌두교의 의례를 구성하게 되었던 것이다.

인도에만 국한된 것이 아니라 세계 각지의 농경민족이 풍요를 기원할 때 성적인 의례를 행하였던 것은 적지않다. 일본의 고대 신앙에서도 남근 숭배라든가 모내기를 한 후에 남녀의 교합 등이 종교의례로서 행해졌다는 사실이 보고되고 있다.

고대의 농경민에게 생식행위는 비와 풍요를 상징하는 것이었으며 금욕禁慾은 비가 그치기를 바라는 주술呪術이고 의례이기도 했다. 동서양을 막론하고 생식과 농경 사이에는 유사성이 많다고 생각하여 선사시대부터 농경민족들 간에는 이처럼 성행위와 농경을 밀접하게 묶는 모방주술이 광범위하게 퍼져 있었다. 그러므로 농경민에게 있어서 생식행위는 다산多産, 풍요를 의미하는 증식의례이기도 하였고 여성은 생명의 원천이며 대

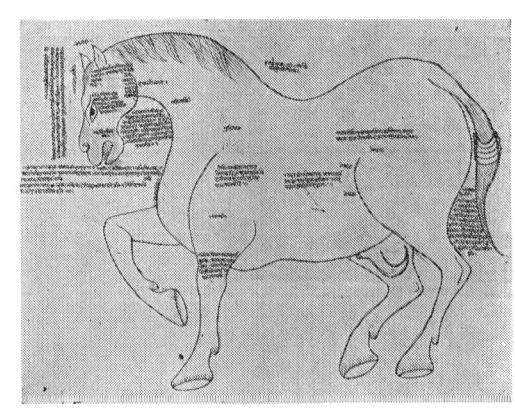

지를 상징한다고 보았다.

본래 풍요를 기원하는 성행위는 고대 인도의 농경민에게도 일상생활에 직결되는 주술이었고 그것은 점차 종교의례로 전환되어갔다. 힌두 성전에 있어서도 여음女陰은 밭 또는 밭이랑, 남근男根은 가래이고 정액은 씨앗이라고 보았으며, 농경노동과 섹스가 동일시되고 있다. 근대인의 의식 속에는 성행위를 도덕적으로 매우 터부시하는 경향이 있으며, 사회생활 가운데서도 당당히 논하는 것은 극히 드물다.

그런데 고대인에게는 이와같은 행위가 단순한 생리적인 현상뿐만 아니라 성스러운 것과의 결합을 의미하는 성례聖禮였다. 성행위뿐만 아니라 배설이나 호흡하는 생리현상까지도 대우주의 활동과 대응시켜 생각하였던 것이다. 게다가 양성兩性과 일월日月, 호흡과 바람, 뼈와 돌, 모발과 풀, 척추와 수미산須彌山 그리고 신체의 일곱 가지 부분 즉 피부·피·건腱·뼈·근육·지방·정액을 대우주의 일곱 개 섬島들이라고 말하듯이 인간과 우주를 대응시킴으로써 인간과 우주의 갖가지 움직임을 연관지으려고 하였던 것이다. 탄트리즘의 행법에는 이러한 대비를 상정한 요가가 많이 설명되어 있다.

그외에도 원시민족에게 있어서는 살인이나 거짓말, 도둑 따위의 악덕도 타인의 생명력과 생산력을 자신의 것으로 만든다는 주술적인 효력을 가지고 있었다. 기원전 4,5세기 무렵에 상공업 도시를 중심으로 탈脫브라만교를 노리고 발달한 신흥종교에는 이러한 농경민의 주술에 의존할 필

《말》
라쟈스탄 지방, 19세기 후반, 종이에 잉크와 채색.
말은 왕이 최고 권좌에 오르거나 供犧儀禮 때에 중요한 역할을 담당하였다. 말을 숭배하였던 토템 시대부터 말의 조련, 채색의 의미 및 길조, 체구의 균형, 馬名의 선택 등을 가르치는 고서가 있다.

요가 줄어들었다. 불교라든가 자이나교가 설파하는 엄격한 도덕의 배경에는 그 당시 농경에서 상공업에로의 사회구조의 변혁이 가로놓여 있었다고 보아도 좋을 것이다.

기원후 이들 신흥도시에서 발달한 종교가 농촌 지역으로까지 교단을 확대하고 굽타왕조가 중심이 되어 추진한 브라만교의 부흥운동이 눈부신 발전을 이루게 된다. 그 가운데 민간신앙에 깊게 뿌리내리고 있었던 힌두교가 비약적으로 신장되었으며 또 한편으로는 불교 교리와 의례 속에 힌두교의 풍습이 고대 인도의 농경주술과 함께 부활되었다. 불교의 개조인 석가는 원칙적으로 주술을 부정했지만, 초기에는 무시되고 있던 원시적인 주술이 대승불교에 흡수되어 탄트라로 가장하여 재출현을 시도하였던 것이다.

단지 탄트리즘 속에 고대 인도의 원시적인 주술이 포함되어 있다고 하여도 그것이 원시적인 내용 그대로 부활되었던 것은 아니다. 예를들면 남

녀의 교합이라 하더라도 고대 인도인의 농경의례에서 탈피하여 거기에 신비적인 해석을 덧붙였으며, 상징화하였고 순화純化시켰다는 점이 특색이다. 힌두 탄트라에서는 여성은 우주의 근본원리인 〈프라크리티〉이고, 우주의 신神적 에너지인 샥티의 인격화人格化라고 보았으며, 한편 남성은 청정淸淨하고 부동不動이며 명징明澄한 정신인 시바신과 동일시된다. 따라서 남녀의 성교는 단순한 육체적인 결합만이 아니고 이 경우 우주적인 자연 에너지와 자아라는 두 원리의 융합을 나타내는 것이다. 「참다운 교합은 지상至上의 샥티(쿤달리니)와 자아 아트만과의 결합이고 만약 그러한 결합이 아니라면 그것은 단지 여성의 노예에 지나지 않는다」(쿨라르나바 탄트라)고 하는 이유도 여기에 있다고 말할 수 있다. 불교 탄트라에 있어서도 남녀교합은 서로 대립하는 원리의 일원화를 의미하고 있다. 즉 그것은 여성원리인 반야와 남성원리인 방편과의 합일을 나타낸다. 단 이 경우 불교에서는 여성원리가 정적靜的으로, 남성원리가 동적으로 이해되

《찬챠르 좌법》
네팔, 17세기, 종이에 안료.
자기와의 동일을 꾀하는 좌법의 하나를 보여주고 있다.

고 있으나 힌두 탄트라에서는 남성원리인 시바는 정靜을, 여성원리인 프라크리티 혹은 샥티는 동動을 나타내어, 불교와 반대로 받아들이고 있다. 이와같이 차이는 있으나 불교 탄트라에 있어서 대립 원리로 헤아릴 수 있는 것에는 자自와 타他, 청정淸淨과 부정不淨, 낮과 밤, 태양과 달 등과 같이 일반적인 것에서부터 형체가 있는 것과 없는 것, 주체와 객체, 번뇌와 깨달음이라는 불교의 기본적인 사상도 포함되어 있다. 이들 두 가지 원리를 본질적으로 하나라고 보는 것을 불교 탄트라에서는 〈쌍입雙入〉이라고 한다.

불교 탄트라에서 설명하는 남녀의 교합은 고대 인도인의 농경의례를 받아들이면서 그 내용을 불교 교리에 근거하여 새롭게 변화시켜서 만들어내고, 상징화하고 승화시키고자 한 것이라고 말할 수 있다. 그것을 마치 분방한 섹스를 무책임하게 인정하고 있는 것처럼 단순히 비난하는 것은 약간 지나친 견해가 아닌가 한다. 오히려 성행위와 같은 일상의 가

까운 사례를 들어 인도의 하층계급에 속하는 사람들과 지적인 수준이 낮은 사람들에게도 일상생활 가운데에서 해탈의 경지를 발견할 수 있도록 하였던 탄트리즘의 적극적인 의도가 평가될 수도 있을 것이다.

탄트리즘은 인도의 최하층 계급과 직업에 밀접하게 연결되어 있다. 예를들면 탄트라 속에 챤드리(不可觸賤女), 돈비(屠殺女), 라쟈키(洗濯女), 샤바리(山住女)라는 하층계급 여성의 이름이 나타난다. 이것은 이들 계급에 속하는 사람들과 탄트라의 성립기반이 상통되는 점이 있다는 이야기이다.

전술하였던 바와 같이 힌두교의 일파인 샥티파에는 다섯 가지 진실 Pañcatattva이라는 행법이 있다. 다섯 가지 진실이란 술(madya), 고기(maṃsa), 생선(matsya), 곡물(mudra), 성교(maithuna)가 그것이고, 이들의 산스크리트명이 모두 ma로 시작되기 때문에 다섯 가지 ma자 즉 오마사五摩事(Pañca-ma-kara)라고도 부른다. 여성을 우주 에너지인 여신

《라디와 카마의 합체상》
캉그라 지방, 18세기, 수채.
카마는 사랑의 신이고 라디는 카마의 왕비(샥티). 《베다》에 의하면 「창조의 욕망은 이른 새벽에 생겨난다.」

샥티의 현현이라고 간주하고 시바신에 비할 수 있는 행자行者가 술·고기·생선·특수한 곡물 등을 먹고 이 여성과 교합을 이룬다는 의미이다.

실은 이것이 사악한 수법이라고 하여 근대에 탄트리즘이 빈축을 사는 대표적 표본으로 취급되어왔던 것이다. 그런데 이들 다섯 가지 ma자의 기원을 찾아보면 모두 농경주술에서 나왔으며 힌두 탄트라 속에서 모두 승화되어 있음을 발견하게 된다. 이들은 적어도 탄트라적 사고방식으로서 비난받아야 할 사법邪法이 아니라 상징적으로 파악되어야 할 심오한 의미를 지닌 수행법으로 간주되어야 할 것이다.

어느 성전에서는 이렇게 말하고 있다. 「향락을 주어라, 사람들의 괴로움을 없애주는 술은 불(火), 심신에 영양과 힘을 제공하는 고기는 바람(風), 생식력을 증진하는 생선은 물(水), 지상에 태어나서 생명의 원천이 되는 곡물은 땅(地), 세계의 모든 창조의 근원인 성교는 공(空)이다」《마하니르바나 탄트라》

여기에서 5대, 즉 土·水·火·風·空과 교묘하게 관계를 짓고 있으나 하나하나의 설명 속에 고대인이 생각하였던 그것들의 주술적인 효용을 살펴볼 수 있으므로 매우 흥미진진하다. 다른 설명으로는 술은 피와 마찬가지로 죽음을 물리치고, 재생을 보증하는 생명력을 받아들이며, 베다 신화의 소마주酒나 스라주에도 똑같은 기능이 있다고 말하고 있다. 게다가 고기는 육상동물의 힘을, 생선은 수중동물의 힘을, 곡물은 식물의 힘을, 성교는 생산력을 각각 나타내는 에너지의 대표라고 생각하고 있었다. 그것이 탄트라에 흡수되면서 각각의 주술적인 역할이 상징적인 의미로 변하게 되었다.

즉 술은 요가의 황홀상태를, 고기는 행자行者의 모든 행위를 최고실재最高實在에 바치는 역할을, 생선은 모든 중생의 고락에 행자의 관심을 끌게 하는 활동적인 지智를, 곡물은 속박으로 끝날 것 같은 일체의 악惡과의 관계를 단절하는 행위를, 성교는 행자의 신체 중의 시바신과 그의 샥

《근육을 느슨하게 하는 체위》
라쟈스탄 지방, 18세기, 종이에 안료.
신체의 움직임으로 오르가즘을 얻으려 하지 않고, 잠자는 듯이 입술을 맞춘 체위. 에너지가 침투하여 만남으로써 영혼의 기도회로를 활성화시킨다.

티인 군달리니와의 결합을 의미하는 것처럼, 각각 상징적으로 이해할 수 있다. 〈오마사五摩事〉는 각기 이와같은 의미를 고려할 때 비로소 바르게 이해할 수 있고, 수행할 수 있기 때문에 외형만으로 해석하는 초심자에게는 매우 위험한 방법이라고 말하지 않을 수 없다. 따라서 탄트리즘의 수법 특히 샥티를 동반하는 요가(교합 요가)에서는 시험단계로서 일정한 기간 동안 단식이나 육체적인 고행을 한다든가 호흡을 멈추고 몸의 상태를 조절하는 따위의 황행荒行을 숙달된 스승의 지도와 감독 아래서 신중히 거행할 필요가 있고, 그 과정을 거친 사람에게 비로소 전달이 이루어진다

는 사실을 기억해야 한다. 「오마사는 일반인이 할 수 있는 것이 아니고 정신적으로 어느 정도 경지에 이른 사람만이 행할 수 있다. 오마사의 실행은 어렵고 위험하여 마치 면도칼 위를 걷거나 성난 호랑이와 노는 것보다 더 어렵다.」「탄트라는 이것을 바르게 이용하기만 한다면 자아를 고양시킬 수 있으나 오용하면 역효과가 생겨나 자아를 파괴시키게 된다.」「최고의 해탈〈크라다르마〉는 요가인 동시에 보가(享樂)이다. 그러나 마음을 맑게 하고 그 감각을 제어시킨 사람만의 것이다.」이같이 말하는 것도 이상과 같은 사정을 반영해준다.

《사랑을 고양시키는 체위》
오릿사 지방, 19세기, 종려나무 잎에 잉크.
움직이지 않고 육체의 극단적인 유연함을 요하는 일련의 秘敎的인 좌법을 나타낸 그림.

13 『감상』할 수 없는 탄트라 미술

서양문명 속에서 성장하였거나 혹은 그 영향을 받으며 생활하고 있는 사람이 탄트라 미술을 접하였을 때, 굉장히 강렬한 충격을 받거나 형용하기 어려운 당혹감을 느끼는 것도 무리는 아니다. 근대미술에 관한 심미안이 거기에서는 전혀 통용되지 않기 때문이다.

현란한 원색 구성과 그로테스크한 인간이나 짐승의 표정, 사랑을 누리는 남녀의 자태, 난잡한 장식물, 신과 사람과 조수鳥獸가 공존하는 괴상한 구도構圖 등등 어느 모로 보더라도 미美의 대상이라기보다는 차라리 혐오의 대상이라고 말하는 것이 어울릴 것이다. 그러나 탄트라의 사상이 서양의 근대적인 윤리관이나 사회관과는 이질적이라는 이유만으로 비난해서는 안 되고 또 탄트라 미술을 근대미술의 시점에서만 감상하려는 것도 마찬가지로 위험하다. 근대 미술과 탄트라 미술은 그들의 성립 기반이 되는 문화의 양식이나 성격이 기본적으로 다르며 목적에도 확실한 차이가 있다.

탄트라 미술에는 서양적인 〈예술을 위한 예술〉이라는 의식이 없다. 본래 미술은 문학·철학·종교 등과 문화적인 배경을 공유하며 그 자체가 예술이라 하여 독립해 있는 것은 아니다. 더구나 탄트라 미술은 탄트리즘이라는 인도 민중의 기층문화와 밀접하게 연결되어 있고, 그 위에 아리안계와 비아리안계 양쪽의 종교나 우주론적인 철학과 긴밀하게 결합되어 있다. 탄트라 미술의 주제도 종교상의 신화 및 전설에서 취하여 각종 종교적인 이상을 실현하기 위하여 만들어냈던 것이다. 따라서 예술작품에 대한 평가는, 예를들면 피카소나 샤갈의 경우와 같이 발상이나 표현 혹은 기법의 독자성에 있는 것이 아니고, 종교적으로 보아서 효용이 있는가 없는가에 달려있다고 말할 수 있다. 거기에는 화가나 조각가의 개성이 끼어들 여지가 없다. 따라서 예술을 위한 예술이라는 서양적인 예술이념과는 전혀 다른 것이다.

물론 탄트라 미술의 이러한 특징이 예술로서는 치명적인 결함이라고

《마하칼라와 라모》
라다크 지방, 19세기, 塑像.
왼쪽은 마하칼라. 오른쪽은 라모.
마하칼라란 커다란 검은 빛이라는 의미로 검은색은 분노를 나타낸다. 인간의 목을 늘어놓아 환을 이루고서 허리에 매단다. 라모는 성스러운 여신을 의미하는데 불량스러운 모습을 취하고 격하게 분노한 모습을 보여주며, 말을 탄다. 라마유르寺의 獅子殿堂 옆의 護法堂에 있는 像.

지탄을 받을 수도 있다. 그러나 또 한편으로는 탄트라 미술이 다른 문화 영역과 미분화된 상태에 있다는 점이 물질문명으로 무르익은 현대사회에서 재평가되려는 움직임을 보이고 있다는 것도 사실이다. 몰개성적이고 문학·철학·종교 또는 생리학·의학·천문학을 모두 공통된 기반으로 삼는 탄트라 미술은 인간의 삶의 태도와 밀접한 관련을 갖고 있으며, 그 배후에 장대한 우주론적인 철학을 간직하고 있다. 탄트라 미술이 최근에 주목을 받기 시작한 것도 서양 미술에는 없는 이러한 전체세계를 구하려는 의도를 그 속에서 읽을 수 있기 때문이라고 생각된다.

탄트라 미술에는 작가명이 기록되어 있지 않은데 그것은 시대가 흐르면서 그 이름이 잊혀졌기 때문이 아니다. 본래 화가라든가 조각가는 전통 속에서만 제작활동을 인정받았으며 그 사이에 스스로의 창의라든가 독자성을 개입시킬 여지가 없었다. 탄트라 미술은 작가의 개성을 발휘하는 장

소가 아니라 우주적이고 본원적인 생명활동의 일환이라고 생각할 수 있다. 따라서 거기에는 작가 개인의 이름에 연연해야 할 필연성을 찾아볼 수 없는 것이다.

서양의 근대 사상에서 볼 수 있는 인간중심의 세계관은 인도에서 전혀 인정되지 않는다. 그 대신에 인도인은 인간도 신도 동물·식물도 모두 본질적으로는 동일하고 거기에는 계급이나 차별이 존재할 수 없다고 생각해왔다. 인간은 전생에 새나 짐승으로 지냈을지도 모른다. 또 후세에 그런 모습으로 다시 태어날 가능성도 가지고 있다. 이와같은 윤회나 전생轉生의 신앙이 석가를 필두로 하는 조사祖師들의 전생 이야기를 탄생시킨 기반이 되었다.

윤회나 전생轉生의 사상은 단지 현재 살고 있는 인간이나 동물의 전세·후세가 연속되어 있다는 것을 이야기하는 것만이 아니다. 그것은 현재

《티티파티》
라다크 지방, 최근 작품, 벽화.
墓場의 주인이라는 의미를 가진 해골이 왕비와 함께 손잡고 춤추고 있다. 밑에 두 귀신을 밟고 있으며 색의 대비가 선명하고 어딘지 모르게 유머스러운 표정을 하고 있어서 흥미롭다. 옆에 있는 기둥에 묶여진 해골, 동물이나 새에게 뜯어먹힌 사체가 가로놓여 있으며 전체적으로 묘장답게 묘사하려고 노력하고 있지만 분위기는 밝은 편이다. 탁특寺의 근행당 벽화.

생존해 있는 인간과 동물, 식물과의 사이에 공간적인 유대를 예상하게 한다. 결국 인간을 포함하여 지금 살아있는 모든 생물이 본질적으로 같다고 하는 것을 보여주는 의도도 포함되어 있다고 볼 수 있다.

따라서 탄트라 미술뿐만이 아니라 인도의 회화, 조각에는 인간과 동물, 식물 등이 동일면同一面 속에서 별다른 이화감異和感도 없이 공존하며 함께 살아가고 있는 것이다.

인도인은 일반적으로 이 세계는 태고적부터 계속적으로 창조, 유지 그리고 파괴가 반복되고 있다고 생각해왔다. 이와같이 창조와 유지, 파괴를 거듭하는 현실세계는 가상의 세계이고 환상에 지나지 않는다. 불변하고 진실인 것은 현실세계의 배후에 숨겨져 있기 때문이다.

탄트리즘의 세계관에서 현실을 중시하는 사상이 없는 것은 아니지만, 현실세계가 진리의 세계와 표리일체表裏一體의 관계라는 철학을 바탕으

로 하고 있으므로 진실과 무관한 현실세계를 무조건 긍정하고 있는 것은 아니다. 현실세계에는 실체가 없고 가상의 모습이라 간주하는 곳에서는 서양 미술과 같이 인간을 중심으로 한 회화나 조각은 생겨날 수 없다. 인간도 동물이나 식물 등과 마찬가지로 자연의 일부이고 진리 표현양식의 하나일 뿐이다.

 서양미술에 있어서는 당연히 제작자라든가 감상자라는 인간의 시점을 중심으로 세계가 전개되고, 그것이 제재가 된다. 그러나 인도 미술에 있어서는 우주의 법칙 그 자체인 자연 속에서 제재가 되는 인간이라든가 신, 동식물을 선택해내고, 헝겊이나 종이 혹은 금속이라든가 목재를 사용하여 그 위에 본래의 모습을 나타낸 것에 지나지 않다. 거기에는 작가의 자유스런 의지가 인정되지 않으며 제재의 형태·색채·구성 등 작품을 만들어내는 기준은 거의 《의궤儀軌》라는 종교전적宗敎典籍에 따라야

《五肉을 바치는 것》
라다크 지방, 19세기, 헝겊에 안료.
두개골 속에 중앙에 청색 인간, 앞에 백색 소, 왼쪽에 황색 개, 뒤에 적색 코끼리, 오른쪽에 녹색의 말을 담고 있다. 이 다섯 종류의 고기는 五甘露라고도 말하며 분노존에 관한 대표적인 공양물이다. 본래 힌두교 탄트라에서 설명하고 있었는데 나중에 불교에 흡수되어 5불의 상징으로 간주하게 되었다. 리킬寺 소장 畵布.

한다.

　반대로 말하면 탄트라 미술은 작가의 자의에 맡기는 것이 아니라 위와 같은 성전聖典에 나와 있는 대로 그것이 곧 진실의 세계이므로, 그 하나하나가 모두 종교적인 의미와 철학을 지니고 있다. 예를들면 탄트라 회화나 조각에서 불상 혹은 신상神像이 다채롭게 채색되어 있으나 그 하나하나의 색에는 모두 형이상학적인 사상과 신학적인 상징이 담겨있다. 그뿐만 아니라 불상의 여러 가지 자세라든가 손의 위치에도 마찬가지로 우주론적인 철학이 깃들어 있다. 예를들면 명상의 자세를 취하고 왼손은 무릎 위에, 오른손은 늘어뜨려 대지大地에 닿게 한 〈촉지인觸地印〉을 그린다는 것은 대지의 신에게 서약하고, 습격해오는 악마를 물리쳐 깨달음을 길이 보존한다는 의미를 가지고 있는 것이다.

　탄트라 미술과 서양 미술을 대비시켜볼 때 알 수 있는 차이점은 이상에서 언급하였듯이 여러 갈래로 다양하지만, 이러한 차이점을 미술이라는 관점에서 본다면, 작가와 작품을 연속으로 보는가 비연속으로 보는가 하는 점에서 생각해볼 수도 있을 것이다.

　탄트라 미술작품은 작가로부터 유리된 채 객관적으로 감상할 수 있는

대상은 아니다. 그것은 명상 요가를 통해서 작가의 마음에 떠오른 형상을 현실적으로 투영시킨 것이기 때문이다. 그러므로 탄트라 미술 작가는 예술가라고 말하기보다는 먼저 요가의 행자가 되지 않으면 안 된다. 작가는 단식을 한다거나 목욕재계를 한다든지 하는 정진결재精進潔齋를 행하여 청결한 장소에서 신神 또는 불佛에게 공양하고 강림을 빌며 이어서 요가에 들어가 초청한 신 혹은 불과 합일을 이룬다. 신 혹은 불, 보살은 이러한 요가의 행법 속에서 행자의 눈앞에 나타나게 되는 것이므로 그 모습, 형태를 현실적으로 회화라든가 조각으로서 표현한 것이 탄트라 미술이다. 그럼에도 불구하고 이와같이 조상造像하는 데도 규정이 있어서 그것은 도상학圖像學 서적이 아닌《성취법成就法Sadhana》속에 정해져 있다. 그러니까 수행법에 관한 서적 그 자체가 서양의 언어로 표현하자면 아이코노그라피(圖像學)에 해당되는 것이다.

이상과 같이 서양 미술과 인도 미술 특히 탄트라 미술은 작가와 작품이라는 기본적인 관계에 있어서 현저한 차이를 보여준다. 따라서 우리들이 탄트라 미술을 보는 경우 감상자와 유리된 미술작품은 있을 수 없다. 작가와 작품이 밀접하게 연관되어 있는 것과 마찬가지로 감상자와 작품은

《동물을 바치는 그림》
라다크 지방, 18세기, 벽화.
분노존에 바치는 공양물로 소·말·야크Yak·개·새 등과 함께 인간·코끼리·야크 등의 생가죽을 공양물로 한 그림으로 처참하다. 티크세寺 근행당의 일면에는 이와같은 탄트라적인 공양물이라든가 묘장의 그림, 또는 獸姦의 그림, 조수의 공양물 그림 등이 그려져 있어서 처음 이곳을 방문하는 이방인을 놀라게 한다.

각기 개별적인 존재가 아니다. 감상이라는 단어조차도 부적합한 것이다.
　그러므로 전혀 문외한인 사람이 탄트라의 교합 요가 그림을 보고 성적 행위를 상상하는 것은 자유이지만, 우리들이 작품 속에 빠져들어서 그 작품 세계를 이해하는 차원이 아니라면 그 작품을 보는 의미가 없다고 할 것이다. 탄트라 자체가 사상만으로 이루어지는 것이 아니고 실천해야만 되는 것처럼 탄트라의 미술은 감상을 거부하고 그것을 통하여 진실의 세계로 들어감으로써 비로소 정당하게 그 존재 의의를 갖게 되기 때문이다. 아니 그것은 미술에만 한정되는 논리가 아니다. 음악이나 연극이나 문학에 있어서도 이러한 기본적인 입장에는 차이가 없다.

AUROBINDO, Sri, On Yoga, The Synthesis of yoga, Pondicherry 1965.
BAGCHI, Probodh Chandra, Studies in the Tantras, Part I, Calcutta 1939.
BANERJEA, J.N., Pauranic and Tantric Religion, Calcutta 1966.
BHATTACHARYYA, Benoytosh An Introduction to Buddhist Esoterism, 1932. (神代峻通 譯《인도 밀교학 서설》高野山大學 1962년)
BHARATI, Agehananda, The Tantric Tradition, London 1965. (日本語譯, 近刊)
BLOFELD, John, The Way of Power, A Practical Guide to the Tantric Mysticism or Tibet, London 1970.
BOSE, D.N., Tantras, Their Philosophy and Occult Secrets, Calcutta.
CHAKRAVARTI, Chintaharan, Tantras, Studies on their Religion and Literature, Calcutta 1963.
CHATTOPADHYAYA, Debiprasad, Lokāyata, A Study in Ancient Indian Materialism, New Delhi 1959. (佐藤任 譯《로카야라 · 고대 인도 唯物論》河內長野市寺元 阿修羅窟 1978년)
DANIÉLOU, Alain, Yoga, The Method of Reintegration, London 1951.
DASGUPTA, Shashi Bhusan, An Introduction to Tāntric Buddhism, Calcutta 1950. (宮坂·桑村 共譯《탄트라 불교 입문》入文書院)
DASGUPTA, Surendranath, Hindu Mysticism, London 1927. (高島淳 譯《요가와 힌두 신비주의》세리까 서점 1979년)
ELIADE, Mircea, Le Yoga, Immortalité et Liberté, Paris 1954. The Yoga, Immortality and Freedom, Transl, By Willard R. Trask (立川武藏 譯《요가》1 · 2, 세리까 서점 1975년)
EVANS-WENTZ, W.Y., Tibetan Yoga and Secret Doctrines, London 1935, paperback 1967.
GARRISON, O mar v., Tantra, The Yoga of Sex, New York 1964.
GOVINDA, Lama Anagarika, Foundation of Tibetan Mysticism, According to the Esoteric Teaching of the Great Mantra, oṃ maṇi padme hūṃ, London 1959. (日本語譯, 近刊 工作舍)
GUENTHER, Herbert v., The Tantric View of Life, Berkeley and London 1972.
MASSON-OURSEL, Paul, Le Yoga Collection "Que Sais-Je?" no. 643. (渡邊重朗 譯《요가》白水社 1976년)
MOOKERJEE, Ajit, Tantra Art, Paris, New York etc., 1967.
—Tantra Asana, Basel, New York etc., 1971.
—Yoga Art, London 1975.
—The Tantric Way, Art, Science, Ritual, New York 1977.
PANDIT, M. P., Studies in the Tantras and the Veda, Madras 1967.
POTT, P. H., Yoga en Yantra, Leiden 1946, Yoga and Yantra, Their Interrelation and their Significance for Indian Archaeology, transl. by Rodney Needham. the Hague 1966.
RAWSON, Phillip, Tantra, the Indian Cult of Ecstasy, Delhi &. London 1973. (松山俊太郎 譯《탄트라 인도의 엑스터시 예찬》平凡社, 1978년)

STEIN, R. A., *La Civilisation tibetaine,* Paris 1952. (山口瑞鳳・定方晟 譯《티벳 문화》 岩波書店 1971년)
TUCCI, Guiseppe, *Tibetan Painted Scrolls,* 3 vols, Rome 1949, 2nd ed. Kyoto 1980.
WAYMAN, Alex, *The Buddhist Tantras, Light on Indo-Tibetan Esoterism,* New York 1973.
WOODROFFE, Sir John (Avalon, Arthur), *Introduction to Tantra Shastra; Principles of Tantra; Shakti and Shakta; The Great Liberation; Garland of Letters; Tantrara ja Tantra; Kāmaka Lawilāsa; The Serpent Power etc.* Madras, 1951-1963.

《탄트라展 카탈로그》(1979년 11월-12월 개최)
《탄트라・특집 신체의 우주도》(《미술수첩》 32권 461호, 1970년 2월호
井上隆雄 촬영《티벳 밀교 벽화》駸駸堂出版, 1978년.
加藤敬 촬영《만다라-서티벳 불교 미술》每日新聞社, 1981년.
眞鍋俊照《탄트라 티벳・네팔의 불화佛畵》同朋舍 1979년.
岸本英夫《신비주의와 요가》溪聲社, 1975년.
佐保田鶴治《요가의 종교이념》平河出版社, 1976년.
山崎泰廣《밀교 사상과 심층심리》創元社, 1981년.
松長有慶《인도 밀교학 서설》密敎文化硏究所, 1962년(共著)
松長有慶《밀교의 역사》平樂寺書店, 1969년.
松長有慶《밀교의 相承者》評論社, 1973년.
松長有慶《비밀집회 탄트라 校訂梵本》東方出版, 1978년.
松長有慶《티벳 밀교 벽화》駸駸堂出版, 1978년(共著)
松長有慶《밀교 경전 成立史論》法藏館, 1980년.
松長有慶《만다라 서티벳의 불교 미술》每日新聞社, 1981년(解說, 文)
松長有慶《밀교 경전 해설》(《현대밀교강좌》제2권) 大東出版社, 1981년.
기타 잡지에는《더 메디테이션》(1~7호 平河出版社),《至上我의 빛》(龍王文庫),《산야시》(1호~ 메루쿠마루社) 등. 또 강좌로는《밀교강좌》(全12권, 平河出版社, 1974~7년),《講座密敎》(全5권, 春秋社, 1976년~),《現代密敎講座》(全8권, 大東出版社, 1975년~)가 있다.

무케르지 Ajit Mookerjee

1915년 동인도 뱅골지방에서 출생. 캘커타 대학, 대학원에서 고대인도사, 미술사를 전공하고 런던대학에서 석사학위 취득. 영국왕립인류학회 회원. 인도 및 구미의 여러 대학에서 강의를 맡고 있으며 뉴델리 국립공예미술관장으로 다년간 역임. 주요 저서로는 《요가미술》, 《탄트라》, 《인도미술》 등 다수 있음.

松長有慶

1929년 知歌山 출생. 東北大学 대학원에서 인도학 전공. 현재 高野山大学 교수. 高野山補陀落院 住職. 주요 저서로는 《밀교의 역사》, 밀교의 지혜》 등 다수 있음.

金龜山

중앙대학교 및 대학원 졸업(1965)
중앙대학교 교수(1966~1977)
인도 빠차비대학 객원교수(1975)
세계불교도회(WFB)세계본부 부회장겸 한국본부회장(1980~1984)
미국 Unversty of Oriental Studies 교수 (1983~1987)
미국 College of Buddhist Studies 교수 (1987~현재)
비교종파학연구소 대표 (현재)

문예신서
15

탄 트 라

초판발행 : 1990년 7월 1일
재판발행 : 1995년 1월 5일

지은이 : 아지트 무케르지/松長有慶
옮긴이 : 金龜山
총편집 : 韓仁淑
펴낸곳 : 東文選

제10-64호, 78. 12. 16 등록
110-300 서울 종로구 관훈동 74
전화 : 737-2795

ISBN 89-8038-315-0 04270
ISBN 89-8038-000-3 (문예신서)

【東文選 現代新書】

1	21세기를 위한 새로운 엘리트	FORESEEN 연구소 / 김경현	7,000원
2	의지, 의무, 자유 — 주제별 논술	L. 밀러 / 이대희	6,000원
3	사유의 패배	A. 핑켈크로트 / 주태환	7,000원
4	문학이론	J. 컬러 / 이은경·임옥희	7,000원
5	불교란 무엇인가	D. 키언 / 고길환	6,000원
6	유대교란 무엇인가	N. 솔로몬 / 최창모	6,000원
7	20세기 프랑스철학	E. 매슈스 / 김종갑	8,000원
8	강의에 대한 강의	P. 부르디외 / 현택수	6,000원
9	텔레비전에 대하여	P. 부르디외 / 현택수	7,000원
10	고고학이란 무엇인가	P. 반 / 박범수	근간
11	우리는 무엇을 아는가	T. 나겔 / 오영미	5,000원
12	에쁘롱 — 니체의 문체들	J. 데리다 / 김다은	7,000원
13	히스테리 사례분석	S. 프로이트 / 태혜숙	7,000원
14	사랑의 지혜	A. 핑켈크로트 / 권유현	6,000원
15	일반미학	R. 카이유와 / 이경자	6,000원
16	본다는 것의 의미	J. 버거 / 박범수	10,000원
17	일본영화사	M. 테시에 / 최은미	7,000원
18	청소년을 위한 철학교실	A. 자카르 / 장혜영	7,000원
19	미술사학 입문	M. 포인턴 / 박범수	8,000원
20	클래식	M. 비어드·J. 헨더슨 / 박범수	6,000원
21	정치란 무엇인가	K. 미노그 / 이정철	6,000원
22	이미지의 폭력	O. 몽젱 / 이은민	8,000원
23	청소년을 위한 경제학교실	J. C. 드루엥 / 조은미	6,000원
24	순진함의 유혹〔메디시스賞 수상작〕	P. 브뤼크네르 / 김웅권	9,000원
25	청소년을 위한 이야기 경제학	A. 푸르상 / 이은민	8,000원
26	부르디외 사회학 입문	P. 보네위츠 / 문경자	7,000원
27	돈은 하늘에서 떨어지지 않는다	K. 아른트 / 유영미	6,000원
28	상상력의 세계사	R. 보이아 / 김웅권	9,000원
29	지식을 교환하는 새로운 기술	A. 벵토릴라 外 / 김혜경	6,000원
30	니체 읽기	R. 비어즈워스 / 김웅권	6,000원
31	노동, 교환, 기술 — 주제별 논술	B. 데코사 / 신은영	6,000원
32	미국만들기	R. 로티 / 임옥희	근간
33	연극의 이해	A. 쿠프리 / 장혜영	8,000원
34	라틴문학의 이해	J. 가야르 / 김교신	8,000원
35	여성적 가치의 선택	FORESEEN연구소 / 문신원	7,000원
36	동양과 서양 사이	L. 이리가라이 / 이은민	7,000원
37	영화와 문학	R. 리처드슨 / 이형식	8,000원
38	분류하기의 유혹 — 생각하기와 조직하기	G. 비뇨 / 임기대	7,000원
39	사실주의 문학의 이해	G. 라루 / 조성애	8,000원
40	윤리학 — 악에 대한 의식에 관하여	A. 바디우 / 이종영	7,000원
41	흙과 재〔소설〕	A. 라히미 / 김주경	6,000원

42 진보의 미래	D. 르쿠르 / 김영선	6,000원
43 중세에 살기	J. 르 고프 外 / 최애리	8,000원
44 쾌락의 횡포·상	J. C. 기유보 / 김웅권	10,000원
45 쾌락의 횡포·하	J. C. 기유보 / 김웅권	10,000원
46 운디네와 지식의 불	B. 데스파냐 / 김웅권	8,000원
47 이성의 한가운데에서 — 이성과 신앙	A. 퀴노 / 최은영	6,000원
48 도덕적 명령	FORESEEN 연구소 / 우강택	6,000원
49 망각의 형태	M. 오제 / 김수경	6,000원
50 느리게 산다는 것의 의미·1	P. 쌍소 / 김주경	7,000원
51 나만의 자유를 찾아서	C. 토마스 / 문신원	6,000원
52 음악적 삶의 의미	M. 존스 / 송인영	근간
53 나의 철학 유언	J. 기통 / 권유현	8,000원
54 타르튀프 / 서민귀족 (희곡)	몰리에르 / 덕성여대극예술비교연구회	8,000원
55 판타지 공장	A. 플라워즈 / 박범수	10,000원
56 홍수·상 (완역판)	J. M. G. 르 클레지오 / 신미경	8,000원
57 홍수·하 (완역판)	J. M. G. 르 클레지오 / 신미경	8,000원
58 일신교 — 성경과 철학자들	E. 오르티그 / 전광호	6,000원
59 프랑스 시의 이해	A. 바이양 / 김다은·이혜지	8,000원
60 종교철학	J. P. 힉 / 김희수	10,000원
61 고요함의 폭력	V. 포레스테 / 박은영	8,000원
62 고대 그리스의 시민	C. 모세 / 김덕희	7,000원
63 미학개론 — 예술철학입문	A. 셰퍼드 / 유호전	10,000원
64 논증 — 담화에서 사고까지	G. 비뇨 / 임기대	6,000원
65 역사 — 성찰된 시간	F. 도스 / 김미겸	7,000원
66 비교문학개요	F. 클로동·K. 아다-보트링 / 김정란	8,000원
67 남성지배	P. 부르디외 / 김용숙·주경미	9,000원
68 호모사피언스에서 인터렉티브인간으로	FORESEEN 연구소 / 공나리	8,000원
69 상투어 — 언어·담론·사회	R. 아모시·A. H. 피에로 / 조성애	9,000원
70 촛불의 미학	G. 바슐라르 / 이가림	근간
71 푸코 읽기	P. 빌루에 / 나길래	8,000원
72 문학논술	J. 파프·D. 로쉬 / 권종분	8,000원
73 한국전통예술개론	沈雨晟	10,000원
74 시학 — 문학 형식 일반론 입문	D. 퐁텐느 / 이용주	8,000원
75 《시민 케인》	L. 멀비 / 이형식	근간
76 동물성 — 인간의 위상에 관하여	D. 르스텔 / 김승철	6,000원
77 랑가쥬 이론 서설	L. 옐름슬레우 / 김용숙·김혜련	10,000원
78 잔혹성의 미학	F. 토넬리 / 박형섭	9,000원
79 문학 텍스트의 정신분석	M. J. 벨멩-노엘 / 심재중·최애영	9,000원
80 무관심의 절정	J. 보드리야르 / 이은민	8,000원
81 영원한 황홀	P. 브뤼크네르 / 김웅권	9,000원
82 노동의 종말에 반하여	D. 슈나페르 / 김교신	6,000원
83 프랑스영화사	J. -P. 장콜 / 김혜련	근간

84	조와(弔蛙)	金敎臣 / 노치준·민혜숙	8,000원
85	역사적 관점에서 본 시네마	J. -L. 뢰트라 / 곽노경	8,000원
86	욕망에 대하여	M. 슈벨 / 서민원	8,000원
87	산다는 것의 의미·1—여분의 행복	P. 쌍소 / 김주경	7,000원
88	철학 연습	M. 아롱델-로오 / 최은영	8,000원
89	삶의 기쁨들	D. 노게 / 이은민	6,000원
90	이탈리아영화사	L. 스키파노 / 이주현	8,000원
91	한국문화론	趙興胤	10,000원
92	현대연극미학	M. -A. 샤르보니에 / 홍지화	8,000원
93	느리게 산다는 것의 의미·2	P. 쌍소 / 김주경	7,000원
94	진정한 모럴은 모럴을 비웃는다	A. 에슈고엔 / 김웅권	8,000원
95	한국종교문화론	趙興胤	10,000원
96	근원적 열정	L. 이리가라이 / 박정오	9,000원
97	라캉, 주체 개념의 형성	B. 오질비 / 김 석	9,000원
98	미국식 사회 모델	J. 바이스 / 김종명	7,000원
99	소쉬르와 언어과학	P. 가데 / 김용숙·임정혜	10,000원
100	철학적 기본 개념	R. 페르버 / 조국현	8,000원
101	철학자들의 동물원	A. L. 브라-쇼파르 / 문신원	근간
102	글렌 굴드, 피아노 솔로	M. 슈나이더 / 이창실	7,000원
103	문학비평에서의 실험	C. S. 루이스 / 허 종	8,000원
104	코뿔소 (희곡)	E. 이오네스코 / 박형섭	8,000원
105	《제7의 봉인》비평연구	E. 그랑조르주 / 이은민	근간
106	《쥘과 짐》비평연구	C. 르 베르 / 이은민	근간
107	경제, 거대한 사탄인가?	P. -N. 지로 / 김교신	7,000원
108	딸에게 들려 주는 작은 철학	R. 시몬 셰퍼 / 안상원	7,000원
109	도덕에 관한 에세이	C. 로슈·J. -J. 바레르 / 고수현	6,000원
110	프랑스 고전비극	B. 클레망 / 송민숙	8,000원
111	고전수사학	G. 위딩 / 박성철	근간
112	유토피아	T. 파코 / 조성애	7,000원
113	쥐비알	A. 자르댕 / 김남주	7,000원
114	증오의 모호한 대상	J. 아순 / 김승철	8,000원
115	개인—주체철학에 대한 고찰	A. 르노 / 장정아	7,000원
116	이슬람이란 무엇인가	M. 루스벤 / 최생열	8,000원
117	간추린 서양철학사·상	A. 케니 / 이영주	근간
118	간추린 서양철학사·하	A. 케니 / 이영주	근간
119	느리게 산다는 것의 의미·3	P. 쌍소 / 김주경	7,000원
120	문학과 정치 사상	P. 페티티에 / 이종민	8,000원
121	가장 아름다운 하나님 이야기	A. 보테르 外 / 주태환	8,000원
122	시민 교육	P. 카니베즈 / 박주원	9,000원
123	스페인영화사	J- C. 스갱 / 정동섭	8,000원
124	포켓의 형태	J. 버거 / 이영주	근간
125	내 몸의 신비—세상에서 가장 큰 기적	A. 지오르당 / 이규식	7,000원

126 세 가지 생태학	F. 가타리 / 윤수종		근간
127 모리스 블랑쇼에 대하여	E. 레비나스 / 박규현		근간
128 위비 왕〔희곡〕	A. 자리 / 박형섭		근간
129 번영의 비참	P. 브뤼크네르 / 이창실		근간
130 무사도란 무엇인가	新渡戶稻造 / 沈雨晟		7,000원
131 천 개의 집〔소설〕	A. 라히미 / 김주경		근간
132 문학은 무슨 소용이 있는가?	D. 살나브 / 김교신		근간

【東文選 文藝新書】

1 저주받은 詩人들	A. 뻬이르 / 최수철·김종호		개정근간
2 민속문화론서설	沈雨晟		40,000원
3 인형극의 기술	A. 훼도토프 / 沈雨晟		8,000원
4 전위연극론	J. 로스 에반스 / 沈雨晟		12,000원
5 남사당패연구	沈雨晟		10,000원
6 현대영미희곡선(전4권)	N. 코워드 外 / 李辰洙		절판
7 행위예술	L. 골드버그 / 沈雨晟		절판
8 문예미학	蔡 儀 / 姜慶鎬		절판
9 神의 起源	何 新 / 洪 熹		16,000원
10 중국예술정신	徐復觀 / 權德周 外		24,000원
11 中國古代書史	錢存訓 / 金允子		14,000원
12 이미지 — 시각과 미디어	J. 버거 / 편집부		12,000원
13 연극의 역사	P. 하트놀 / 沈雨晟		절판
14 詩 論	朱光潛 / 鄭相泓		9,000원
15 탄트라	A. 무케르지 / 金龜山		16,000원
16 조선민족무용기본	최승희		15,000원
17 몽고문화사	D. 마이달 / 金龜山		8,000원
18 신화 미술 제사	張光直 / 李 徹		10,000원
19 아시아 무용의 인류학	宮尾慈良 / 沈雨晟		절판
20 아시아 민족음악순례	藤井知昭 / 沈雨晟		5,000원
21 華夏美學	李澤厚 / 權 瑚		15,000원
22 道	張立文 / 權 瑚		18,000원
23 朝鮮의 占卜과 豫言	村山智順 / 金禧慶		15,000원
24 원시미술	L. 아담 / 金仁煥		16,000원
25 朝鮮民俗誌	秋葉隆 / 沈雨晟		12,000원
26 神話의 이미지	J. 캠벨 / 扈承喜		근간
27 原始佛敎	中村元 / 鄭泰爀		8,000원
28 朝鮮女俗考	李能和 / 金尙憶		24,000원
29 朝鮮解語花史(조선기생사)	李能和 / 李在崑		25,000원
30 조선창극사	鄭魯湜		7,000원
31 동양회화미학	崔炳植		18,000원
32 性과 결혼의 민족학	和田正平 / 沈雨晟		9,000원
33 農漁俗談辭典	宋在璇		12,000원

번호	제목	저자/역자	가격
34	朝鮮의 鬼神	村山智順 / 金禧慶	12,000원
35	道敎와 中國文化	葛兆光 / 沈揆昊	15,000원
36	禪宗과 中國文化	葛兆光 / 鄭相泓·任炳權	8,000원
37	오페라의 역사	L. 오레이 / 류연희	절판
38	인도종교미술	A. 무케르지 / 崔炳植	14,000원
39	힌두교의 그림언어	안넬리제 外 / 全在星	9,000원
40	중국고대사회	許進雄 / 洪 熹	30,000원
41	중국문화개론	李宗桂 / 李宰碩	15,000원
42	龍鳳文化源流	王大有 / 林東錫	25,000원
43	甲骨學通論	王宇信 / 李宰碩	근간
44	朝鮮巫俗考	李能和 / 李在崑	20,000원
45	미술과 페미니즘	N. 부루드 外 / 扈承喜	9,000원
46	아프리카미술	P. 윌레뜨 / 崔炳植	절판
47	美의 歷程	李澤厚 / 尹壽榮	22,000원
48	曼茶羅의 神들	立川武藏 / 金龜山	19,000원
49	朝鮮歲時記	洪錫謨 外/李錫浩	30,000원
50	하 상	蘇曉康 外 / 洪 熹	절판
51	武藝圖譜通志 實技解題	正 祖 / 沈雨晟·金光錫	15,000원
52	古文字學첫걸음	李學勤 / 河永三	14,000원
53	體育美學	胡小明 / 閔永淑	10,000원
54	아시아 美術의 再發見	崔炳植	9,000원
55	曆과 占의 科學	永田久 / 沈雨晟	8,000원
56	中國小學史	胡奇光 / 李宰碩	20,000원
57	中國甲骨學史	吳浩坤 外 / 梁東淑	35,000원
58	꿈의 철학	劉文英 / 河永三	22,000원
59	女神들의 인도	立川武藏 / 金龜山	19,000원
60	性의 역사	J. L. 플랑드렝 / 편집부	18,000원
61	쉬르섹슈얼리티	W. 챠드윅 / 편집부	10,000원
62	여성속담사전	宋在璇	18,000원
63	박재서희곡선	朴栽緖	10,000원
64	東北民族源流	孫進己 / 林東錫	13,000원
65	朝鮮巫俗의 硏究(상·하)	赤松智城·秋葉隆 / 沈雨晟	28,000원
66	中國文學 속의 孤獨感	斯波六郎 / 尹壽榮	8,000원
67	한국사회주의 연극운동사	李康列	8,000원
68	스포츠인류학	K. 블랑챠드 外 / 박기동 外	12,000원
69	리조복식도감	리팔찬	절판
70	娼 婦	A. 꼬르뱅 / 李宗旼	22,000원
71	조선민요연구	高晶玉	30,000원
72	楚文化史	張正明 / 南宗鎭	26,000원
73	시간, 욕망, 그리고 공포	A. 코르뱅 / 변기찬	18,000원
74	本國劍	金光錫	40,000원
75	노트와 반노트	E. 이오네스코 / 박형섭	절판

76	朝鮮美術史研究	尹喜淳	7,000원
77	拳法要訣	金光錫	30,000원
78	艸衣選集	艸衣意恂 / 林鍾旭	14,000원
79	漢語音韻學講義	董少文 / 林東錫	10,000원
80	이오네스코 연극미학	C. 위베르 / 박형섭	9,000원
81	중국문자훈고학사전	全廣鎭 편역	23,000원
82	상말속담사전	宋在璇	10,000원
83	書法論叢	沈尹默 / 郭魯鳳	8,000원
84	침실의 문화사	P. 디비 / 편집부	9,000원
85	禮의 精神	柳肅 / 洪熹	20,000원
86	조선공예개관	沈雨晟 편역	30,000원
87	性愛의 社會史	J. 솔레 / 李宗旼	18,000원
88	러시아미술사	A. I. 조토프 / 이건수	22,000원
89	中國書藝論文選	郭魯鳳 選譯	25,000원
90	朝鮮美術史	關野貞 / 沈雨晟	근간
91	美術版 탄트라	P. 로슨 / 편집부	8,000원
92	군달리니	A. 무케르지 / 편집부	9,000원
93	카마수트라	바짜야나 / 鄭泰爀	10,000원
94	중국언어학총론	J. 노먼 / 全廣鎭	18,000원
95	運氣學說	任應秋 / 李宰碩	8,000원
96	동물속담사전	宋在璇	20,000원
97	자본주의의 아비투스	P. 부르디외 / 최종철	10,000원
98	宗教學入門	F. 막스 뮐러 / 金龜山	10,000원
99	변 화	P. 바츨라빅크 外 / 박인철	10,000원
100	우리나라 민속놀이	沈雨晟	15,000원
101	歌訣(중국역대명언경구집)	李宰碩 편역	20,000원
102	아니마와 아니무스	A. 융 / 박해순	8,000원
103	나, 너, 우리	L. 이리가라이 / 박정오	12,000원
104	베케트연극론	M. 푸크레 / 박형섭	8,000원
105	포르노그래피	A. 드워킨 / 유혜련	12,000원
106	셸 링	M. 하이데거 / 최상욱	12,000원
107	프랑수아 비용	宋 勉	18,000원
108	중국서예 80제	郭魯鳳 편역	16,000원
109	性과 미디어	W. B. 키 / 박해순	12,000원
110	中國正史朝鮮列國傳(전2권)	金聲九 편역	120,000원
111	질병의 기원	T. 매큐언 / 서 일·박종연	12,000원
112	과학과 젠더	E. F. 켈러 / 민경숙·이현주	10,000원
113	물질문명·경제·자본주의	F. 브로델 / 이문숙 外	절판
114	이탈리아인 태고의 지혜	G. 비코 / 李源斗	8,000원
115	中國武俠史	陳 山 / 姜鳳求	18,000원
116	공포의 권력	J. 크리스테바 / 서민원	23,000원
117	주색잡기속담사전	宋在璇	15,000원

118	죽음 앞에 선 인간(상·하)	P. 아리에스 / 劉仙子	각권 8,000원
119	철학에 대하여	L. 알튀세르 / 서관모·백승욱	12,000원
120	다른 곳	J. 데리다 / 김다은·이혜지	10,000원
121	문학비평방법론	D. 베르제 外 / 민혜숙	12,000원
122	자기의 테크놀로지	M. 푸코 / 이희원	16,000원
123	새로운 학문	G. 비코 / 李源斗	22,000원
124	천재와 광기	P. 브르노 / 김웅권	13,000원
125	중국은사문화	馬 華·陳正宏 / 강경범·천현경	12,000원
126	푸코와 페미니즘	C. 라마자노글루 外 / 최 영 外	16,000원
127	역사주의	P. 해밀턴 / 임옥희	12,000원
128	中國書藝美學	宋 民 / 郭魯鳳	16,000원
129	죽음의 역사	P. 아리에스 / 이종민	18,000원
130	돈속담사전	宋在璇 편	15,000원
131	동양극장과 연극인들	김영무	15,000원
132	生育神과 性巫術	宋兆麟 / 洪 熹	20,000원
133	미학의 핵심	M. M. 이턴 / 유호전	14,000원
134	전사와 농민	J. 뒤비 / 최생열	18,000원
135	여성의 상태	N. 에니크 / 서민원	22,000원
136	중세의 지식인들	J. 르 고프 / 최애리	18,000원
137	구조주의의 역사(전4권)	F. 도스 / 이봉지 外	각권 15,000원
138	글쓰기의 문제해결전략	L. 플라워 / 원진숙·황정현	20,000원
139	음식속담사전	宋在璇 편	16,000원
140	고전수필개론	權 瑚	16,000원
141	예술의 규칙	P. 부르디외 / 하태환	23,000원
142	"사회를 보호해야 한다"	M. 푸코 / 박정자	20,000원
143	페미니즘사전	L. 터틀 / 호승희·유혜련	26,000원
144	여성심벌사전	B. G. 워커 / 정소영	근간
145	모데르니테 모데르니테	H. 메쇼닉 / 김다은	20,000원
146	눈물의 역사	A. 벵상뷔포 / 이자경	18,000원
147	모더니티입문	H. 르페브르 / 이종민	24,000원
148	재생산	P. 부르디외 / 이상호	18,000원
149	종교철학의 핵심	W. J. 웨인라이트 / 김희수	18,000원
150	기호와 몽상	A. 시몽 / 박형섭	22,000원
151	융분석비평사전	A. 새뮤얼 外 / 민혜숙	16,000원
152	운보 김기창 예술론연구	최병식	14,000원
153	시적 언어의 혁명	J. 크리스테바 / 김인환	20,000원
154	예술의 위기	Y. 미쇼 / 하태환	15,000원
155	프랑스사회사	G. 뒤프 / 박 단	16,000원
156	중국문예심리학사	劉偉林 / 沈揆昊	30,000원
157	무지카 프라티카	M. 캐넌 / 김혜중	25,000원
158	불교산책	鄭泰爀	20,000원
159	인간과 죽음	E. 모랭 / 김명숙	23,000원

160	地中海(전5권)	F. 브로델 / 李宗旼	근간
161	漢語文字學史	黃德實·陳秉新 / 河永三	24,000원
162	글쓰기와 차이	J. 데리다 / 남수인	28,000원
163	朝鮮神事誌	李能和 / 李在崑	근간
164	영국제국주의	S. C. 스미스 / 이태숙·김종원	16,000원
165	영화서술학	A. 고드로·F. 조스트 / 송지연	17,000원
166	美學辭典	사사키 겡이치 / 민주식	22,000원
167	하나이지 않은 성	L. 이리가라이 / 이은민	18,000원
168	中國歷代書論	郭魯鳳 譯註	25,000원
169	요가수트라	鄭泰爀	15,000원
170	비정상인들	M. 푸코 / 박정자	25,000원
171	미친 진실	J. 크리스테바 外 / 서민원	25,000원
172	디스탱숑(상·하)	P. 부르디외 / 이종민	근간
173	세계의 비참(전3권)	P. 부르디외 外 / 김주경	각권 26,000원
174	수묵의 사상과 역사	崔炳植	근간
175	파스칼적 명상	P. 부르디외 / 김웅권	22,000원
176	지방의 계몽주의	D. 로슈 / 주명철	30,000원
177	이혼의 역사	R. 필립스 / 박범수	25,000원
178	사랑의 단상	R. 바르트 / 김희영	근간
179	中國書藝理論體系	熊秉明 / 郭魯鳳	23,000원
180	미술시장과 경영	崔炳植	16,000원
181	카프카—소수적인 문학을 위하여	G. 들뢰즈·F. 가타리 / 이진경	13,000원
182	이미지의 힘—영상과 섹슈얼리티	A. 쿤 / 이형식	13,000원
183	공간의 시학	G. 바슐라르 / 곽광수	근간
184	랑데부—이미지와의 만남	J. 버거 / 임옥희·이은경	18,000원
185	푸코와 문학—글쓰기의 계보학을 향하여	S. 듀링 / 오경심·홍유미	근간
186	각색, 연극에서 영화로	A. 엘보 / 이선형	16,000원
187	폭력과 여성들	C. 도펭 外 / 이은민	18,000원
188	하드 바디—할리우드 영화에 나타난 남성성	S. 제퍼드 / 이형식	18,000원
189	영화의 환상성	J.-L. 뢰트라 / 김경온·오일환	18,000원
190	번역과 제국	D. 로빈슨 / 정혜욱	16,000원
191	그라마톨로지에 대하여	J. 데리다 / 김웅권	근간
192	보건 유토피아	R. 브로만 外 / 서민원	근간
193	현대의 신화	R. 바르트 / 이화여대기호학연구소	20,000원
194	중국회화백문백답	郭魯鳳	근간
195	고서화감정개론	徐邦達 / 郭魯鳳	근간
196	상상의 박물관	A. 말로 / 김웅권	근간
197	부빈의 일요일	J. 뒤비 / 최생열	22,000원
198	아인슈타인의 최대 실수	D. 골드스미스 / 박범수	16,000원
199	유인원, 사이보그, 그리고 여자	D. 해러웨이 / 민경숙	25,000원
200	공동생활 속의 개인주의	F. 드 생글리 / 최은영	근간
201	기식자	M. 세르 / 김웅권	24,000원

202 연극미학 — 플라톤에서 브레히트까지의 텍스트들	J. 셰레 外 / 홍지화	근간
203 철학자들의 신(전2권)	W. 바이셰델 / 최상욱	근간
204 고대세계의 정치	M. I. 포리 / 최생열	근간
205 프란츠 카프카의 고독	M. 로베르 / 이창실	근간
206 문화 학습 — 실천적 입문서	J. 자일즈 · T. 미들턴 / 장성희	근간
207 호모 아카데미쿠스	P. 부르디외 / 임기대	근간
208 朝鮮槍棒敎程	金光錫	40,000원
209 자유의 순간	P. M. 코헨 / 최하영	16,000원
210 밀교의 세계	鄭泰爀	16,000원
211 토탈 스크린	J. 보드리야르 / 배영달	19,000원
212 영화와 문학의 서술학	F. 바누아 / 송지연	근간
213 텍스트의 즐거움	R. 바르트 / 김희영	15,000원
214 영화의 직업들	B. 라트롱슈 / 김경온 · 오일환	근간
215 소설과 신화	이용주	15,000원
216 문화와 계급 — 부르디외와 한국 사회	홍성민 外	18,000원
217 작은 사건들	R. 바르트 / 김주경	근간
218 연극분석입문	J.-P. 링가르 / 박형섭	근간
219 푸코	G. 들뢰즈 / 허 경	근간
220 우리나라 도자기와 가마터	宋在璇	근간
221 보이는 것과 보이지 않는 것	M. 퐁티 / 남수인 · 최의영	근간

【기 타】

▨ 모드의 체계	R. 바르트 / 이화여대기호학연구소	18,000원
▨ 라신에 관하여	R. 바르트 / 남수인	10,000원
▨ 說 苑 (上·下)	林東錫 譯註	각권 30,000원
▨ 晏子春秋	林東錫 譯註	30,000원
▨ 西京雜記	林東錫 譯註	20,000원
▨ 搜神記 (上·下)	林東錫 譯註	각권 30,000원
■ 경제적 공포〔메디시스賞 수상작〕	V. 포레스테 / 김주경	7,000원
■ 古陶文字徵	高 明 · 葛英會	20,000원
■ 古文字類編	高 明	절판
■ 金文編	容 庚	36,000원
■ 고독하지 않은 홀로되기	P. 들레름 · M. 들레름 / 박정오	8,000원
■ 그리하여 어느날 사랑이여	이외수 편	4,000원
■ 딸에게 들려 주는 작은 지혜	N. 레흐레이트너 / 양영란	6,500원
■ 노력을 대신하는 것은 없다	R. 쉬이 / 유혜련	5,000원
■ 노블레스 오블리주	현택수 사회비평집	7,500원
■ 미래를 원한다	J. D. 로스네 / 문 선 · 김덕희	8,500원
■ 사랑의 존재	한용운	3,000원
■ 산이 높으면 마땅히 우러러볼 일이다	유 향 / 임동석	5,000원
■ 서기 1000년과 서기 2000년 그 두려움의 흔적들	J. 뒤비 / 양영란	8,000원
■ 서비스는 유행을 타지 않는다	B. 바게트 / 정소영	5,000원

■ 선종이야기	홍 희 편저	8,000원
■ 섬으로 흐르는 역사	김영회	10,000원
■ 세계사상		창간호~3호: 각권 10,000원 / 4호: 14,000원
■ 십이속상도안집	편집부	8,000원
■ 어린이 수묵화의 첫걸음(전6권)	趙 陽 / 편집부	각권 5,000원
■ 오늘 다 못다한 말은	이외수 편	7,000원
■ 오블라디 오블라다, 인생은 브래지어 위를 흐른다	무라카미 하루키 / 김난주	7,000원
■ 인생은 앞유리를 통해서 보라	B. 바게트 / 박해순	5,000원
■ 잠수복과 나비	J. D. 보비 / 양영란	6,000원
■ 천연기념물이 된 바보	최병식	7,800원
■ 原本 武藝圖譜通志	正祖 命撰	60,000원
■ 隸字編	洪鈞陶	40,000원
■ 테오의 여행 (전5권)	C. 클레망 / 양영란	각권 6,000원
■ 한글 설원 (상·중·하)	임동석 옮김	각권 7,000원
■ 한글 안자춘추	임동석 옮김	8,000원
■ 한글 수신기 (상·하)	임동석 옮김	각권 8,000원

【이외수 작품집】

■ 겨울나기	창작소설	7,000원
■ 그대에게 던지는 사랑의 그물	에세이	7,000원
■ 꿈꾸는 식물	장편소설	7,000원
■ 내 잠 속에 비 내리는데	에세이	7,000원
■ 들 개	장편소설	7,000원
■ 말더듬이의 겨울수첩	에스프리모음집	7,000원
■ 벽오금학도	장편소설	7,000원
■ 장수하늘소	창작소설	7,000원
■ 칼	장편소설	7,000원
■ 풀꽃 술잔 나비	서정시집	4,000원
■ 황금비늘 (1·2)	장편소설	각권 7,000원

【조병화 작품집】

■ 공존의 이유	제11시집	5,000원
■ 그리운 사람이 있다는 것은	제45시집	5,000원
■ 길	애송시모음집	10,000원
■ 개구리의 명상	제40시집	3,000원
■ 꿈	고희기념자선시집	10,000원
■ 따뜻한 슬픔	제49시집	5,000원
■ 버리고 싶은 유산	제 1시집	3,000원
■ 사랑의 노숙	애송시집	4,000원
■ 사랑의 여백	애송시화집	5,000원
■ 사랑이 가기 전에	제 5시집	4,000원
■ 남은 세월의 이삭	제 52시집	6,000원

女神들의 인도

立川武藏 ········· 著
金龜山 ········· 譯

힌두 母神들의 도상학적 특징과 종교적 儀禮를 밝혀나간 연구서.

 여기에서 논의되고 있는 인도는 地理的 개념이라기보다는 宗敎文化的 개념이다. 그런 의미에서 본서의 인도는 힌두교가 집약적으로 형태를 이루고 있는 네팔을 중심으로 하여 고찰된다. 왜냐하면 네팔은 오래된 힌두교의 전통을 순수하게 보존하고 있을 뿐만 아니라, 특히 7세기 후반으로부터 女神들이 힌두교의 전면에 등장한 密敎와 밀접한 관계를 맺고 있기 때문이다. 카트만두 분지는 마치 신들이 모여 사는 거대한 판테온이기도 하며, 그 자체가 하나의 만다라로도 인식되는 것이다.

 인도의 우주관은 남성 원리인 시바와 여성 원리인 샥티의 구조로서 파악된다. 즉 우주의 근원적인 원리로서 無時間的 존재인 시바와 우주 에너지인 性力으로서의 샥티와의 合一을 통하여 梵我一如라는 힌두교의 이상을 완성할 수 있다고 믿어지는 것이다. 그러므로 인도의 女神들은 모두가 샥티의 표상들이다.

 인도에서 여신 숭배의 신앙은 7,8세기 密敎의 발전과 더불어 그 세력을 얻고 있었다. 베다의 전통에는 없었던 여신 숭배의 신앙이 힌두교에 도입되면서 男神들은 각각 그 반려자로서 여신을 동반하고 나타나는데, 男神들의 원형인 시바의 힘은 여신 〈샥티〉로 표상되었다. 그로부터 여신들에게 圖像的 특징이 생겨났고, 샥티의 변형으로서 다양한 여신들이 힌두교의 판테온에 등장하여 우주 만다라를 형성하게 되었다.

 원형으로서 시바와 샥티는 수없이 변형된 표상으로 전개되어 인도의 종교적 토양을 더욱 비옥하게 했던 것이다. 저자는 본서를 자료집으로서도 비중을 두고 거의 빠짐 없이 여신들의 圖像的 특징들을 규명해 놓았으며, 특히 八母神과 여덟 바이라바尊의 도상과 사원에서의 배열방법을 자세히 밝혀주고 있다. 그것은 마치 네팔이라는 축도 속에 인도의 신들이 배열된 圖像 만다라를 학문적으로 재생시켜 놓은 듯한 느낌을 준다.

탄트라TANTRA란, 인도의 의례를 말한다. 그러나 이것은 태고로부터 계속해서 발전해오는 동안 어떤 특정의 인도 종교에 국한되어 역사에 등장하게 된 것은 아니다. 힌두교·불교, 그리고 자이나교에서도 탄트라의 사상을 공유하며 탄트라 행법을 행한다.

수백세대에 걸쳐 많은 사람들이 탄트라를 다듬고 발전시킨 헌신적인 노력으로, 이제는 인간의 상징적인 표현의 가장 기본이 되는 체계를 갖추고 특유의 순수한 의미를 전달하게 되었다. 바로 이러한 점 때문에 현재를 살고 있는 인도인뿐만 아니라 서구인에게도 탄트라가 지대한 의미를 갖게 되는 것이다.

탄트라를 종교로 규정하는 데는 많은 무리가 따른다. 너무나 많은 사람들이 탄트라에 대해 너무나 많이 잘못된 해석을 했다. 탄트라는 또한 〈사고하는 방법〉을 의미하지도 않는다. 사고하는 것은 일상적으로 이해되는 논리성과 매우 유용한 합리성을 가진다는 측면에서 의의를 갖지만, 탄트라에서는 사람들이 지금까지 세계라고 믿어왔던 것에 대한 회의와 비참함을 서서히 깨닫게 해주는 것이다. 그래서 탄트라는 행위라는 점에서 의의를 가진다.

이 책에 수록되어 있는 탄트라 그림은, 눈으로 보기 위한 것이 아니라 궁극적인 목적에 사용되어야만 의의를 갖는 것들이다. 그 어떤 것도 강한 인상을 주지 않는 것은 없다. 그러나 이것이 전부는 아니다. 이것으로 인해 특별한 종류의 정신적 작용이 공공연하게 자극받게 되며 심신의 힘을 불러일으킨다. 또한 요가·봉헌례·명상, 그리고 성적 교합 등의 의례에 사용되어 인생의 새로운 근간을 찾게 해주므로써 한 인간을 완전하게 변화시킬 수 있다. 처음에는 이러한 모든 과정이 가장 평범한 사실에서부터 실현되어야 할 필요가 있다.

美術版 탄트라

필립 로슨·········· 著
편집부················ 譯

살아있는 종교현상으로서 만다라에 대한 총체적 이해.

曼茶羅의 神들

立川武藏 ················ 著
金龜山 ················ 譯

만다라mandala는 〈聖〉을 본질로 하는 종교적 心像을 圖形化한 것이다. 불교에서는 예배의 대상으로서 서기 1세기 말경에 불상과 보살상 등이 조성되었는데, 이것은 곧 후기에 만다라를 발생시킨 근원이 되었다.

佛像은 처음에는 단순히 大覺을 이룬 불타의 명상하는 모습을 예술적으로 표현한 彫像이었지만 차츰 다양한 양상으로 표현되면서 각각 다른 印相에 의미가 부여되었고, 마침내 密敎의 교리로 발전하였다.

기도를 하기 위한 신성한 장소로서 土壇을 쌓아올리고 호마homa의 作法을 행했던 힌도교의 의식이 불교에 수용되었는데, 만다라는 처음에 이 토단을 지칭한 것이었다. 그것이 후에는 佛, 菩薩 들을 모시는 그림으로 표현되었다. 이들을 대상으로 기도가 행해지면서 차츰 儀軌가 정비되었던 것이다.

만다라는 단순한 敎義學的 圖像이 아니라 非시간적, 非공간적 우주체험의 視覺的 표상이며, 반대로 우주적 체험이 표상화된 만다라의 도상은 종교의례를 통하여 內面化하면서 우주와의 合一에 도달하게 하는 메카니즘이다. 그러므로 만다라는 살아 숨쉬는 진리의 실천적 국면이다.

본서에서 저자는 만다라의 구조와 도상학iconology을 해석하고, 종교체험의 〈聖〉과 〈俗〉의 관계를 해설하므로써 불타나 보살의 변형된 형태에 대한 이해를 돕고 있으며, 힌두교의 신들이 불교에 수용된 역사적 배경과 형식을 자세히 논하고 있다. 특히 전문적 지식을 갖지 않은 사람들이 접근하기 어려운 불보살들의 형태의 변형이며, 불타나 보살 및 諸神들이 소지한 持物이며, 혹은 타고 앉은 乘物의 상징성 등을 도상과 함께 해설해 주고 있다.

고대 인도의 性사상과 윤리를 집대성한 세계 최고의 性典.
祕傳 성풍속화와 함께 최초 공개.

카마 수트라

바쨔야나······著
鄭泰爀·········譯

본서 〈카마 수트라〉는 기원전 6세기경 바라문의 성현, 학자 들이 삼림의 깊은 곳에 은거하여 논술한 경전을 모태로 하여 대략 3세기부터 4세기에 걸쳐서 성립·편찬한 경전이다. 바쨔야나는 12명의 학자의 각종 성애학 경전을 수집하고, 그것을 집대성하여 〈카마 수트라〉를 완성하였다.

〈카마〉로 불리는 인간 애욕의 영위는, 고대인도의 지체 높은 사람들이 교양으로 학습해야 할 3가지 지혜 중의 하나이기도 했다. 귀족계급 신사·숙녀 들은 다르마(正法. 戒律), 아루타(利財, 實利), 카마(性愛)의 세 가지를 학습하고 습득하지 않으면 귀족으로서의 자격을 인정받지 못하였다.

그러면 왜 〈카마〉가 학문으로서 필요한가. 말하자면 인간의 性행위는 동물 일반의 성행동과는 엄격히 구별된다. 性愛는 인격적인 투영을 기초로 한 정서적인 본질을 지니고 있다. 단순히 야합적인 조잡함, 정서의 결여, 무기술의 성행위는 동물적인 생식행위이며, 비인격적이고 비인간적인 행위에 불과하다. 가장 인간답고 풍부한 성애는 성적 기교를 충분히 습득하고, 애정어린 눈빛 속에서, 수치심을 숨긴 부드러움 속에서 육체와 육체가 液化하고 서로 융합하는 상호성·상승성이라야 한다.

기교도 애교도 없는 생리적인 정액의 배설은 성쾌락의 낭비적인 행위에 지나지 않는다. 〈카마 수트라〉의 목적은 인간의 가장 인간다운 성애행위의 훈도이다. 그리고 성애를 상호적인 정서가 풍부하고 품위 있는 것으로, 그리고 세련된 기교에 의해 한층 감미로운 애욕을 주고자 하는 성교육·성교양의 증진에 있다.

고대 인도의 바라문 성현, 학자 들은 이미 2천5백 년 전에 性을 해방하고 새로운 성의식·성사상을 만들어냈다. 고대인도의 사회·종교에서 성애는 늘 聖性이며, 그 쾌락은 神들의 사랑으로 찬미되었고 환영받아야 할 행위였다. 성의 환희의 충실감, 그 쾌락의 향수는 사랑하는 사람의 상호 성의식의 소유법, 도덕관, 수치심, 고정관념, 심리상태에 의해 그 수용성은 서로 다르다. 그러나 성의 환희는 상호 깊은 신뢰성, 성의식의 공감성, 애정의 깊이에 의해 향수되고 충실해진다.

본서 〈카마 수트라〉는 이와 같은 성의식과 성애에 관한 의의를 규명, 덧붙여서 성애에 관한 예절의 습득, 그리고 성애술의 기교를 설명한 바라문 철학에 의한 경전이다. 즉 바라문의 성현, 학자 들이 그 예지를 기울여서 만든 인간의 性愛學이다.

인간에게 있어서 성애는 단순히 안다는 것만으로는 이해할 수 없는 심오한 세계이다. 그것은 성애가 단순한 육체만의 피부, 점막의 접촉적인 쾌감만의 것이 아니라 정신적인 자율성을 갖고 전인적인 존재라는 점을 알게 해주는 것이다.

지금 현대적인 우리들이 〈카마 수트라〉를 접했을 때, 어둡지 않은 순수한 쾌감으로서, 육체애로서 사랑하고 더구나 이 성의 환희를 넘어서 정신적인 사랑의 환희를 향수하는 지혜를 배우게 된다. 〈카마 수트라〉는 생애로부터 사랑을 기르는 지식을 부여하는 진정한 사랑의 경전이다.

생성과 소멸의 영원한 윤회. 관능과 고행. 아름다움과 추함. 삶과 죽음의 끊임 없는 혼융. 우주적 명상과 해탈. 절대적 세계정신과의 합일. 힌두의 신화·전설·전통·의례·우상·천지에 널려 있는 사원과 조각들…… 인도문화의 충실한 안내서.

힌두교의 그림언어
인도 神들의 세계와 그들의 상징체계

안넬리제＋페터 카일하우어…著
全在星……譯

기념비적인 인도의 웅장한 사원건축 앞에서 우리들은 경이감에 사로잡히거나, 드물지 않게 광기 속으로 빠져든다. 거의 파악할 수 없고, 감히 쳐다볼 수 없을 정도의 수많은 조각군들은 인도의 하늘 끝까지 뻗쳐 있다. 그 수수께끼를 풀고 싶은 생각이 대부분의 사람들에게 가득하지만, 인도를 여행하는 사람들이나 도상학에 관한 책들을 읽는 사람들은 인도 신들의 형상의 복수성과 명칭의 다양성 때문에 너무 일찍 그것을 포기하게 된다.

힌두교의 그림언어에 관한 논의도 우선 분명히 깊이 있는 사고의 전환을 요구한다. 우리가 신뢰하고 익숙했던 것은 완전히 이국적인 것으로 대치되어야 한다. 영원한 생성과 소멸의 윤회, 관능과 고행, 아름다움과 추함, 그리고 삶과 죽음이 끊임 없이 흐르는 상호 혼융 속에서 인간은 우주적인 명상의 잠자리에 들어야 한다. 이 세계는 단계적인 명상의 무대로서, 무소부재의 신성의 형상적 유출이며, 절대적인 세계정신과의 근원적 합일을 향한 동경과 열정으로 이해되어야 한다. 이 세계는 단지 스쳐 지나가는 환영으로 보아야 한다. 인도인들은 이러한 현세적인 것과 초월적인 것이 뒤얽힌 비젼을 형언할 수 없는 섬세함과 판타지로서 바위에 새겨넣었다. 최상의 예술과 대중적 미는 끊임 없이 모순적인 전설·신화·전통과 의례 속에서 창조된다.

그러므로 개개의 예술작품이나 상징물들의 이름만을 열거하거나, 순순히 미학적이고 양식적인 관점에서만 고찰하는 것은 이 책의 목적이 될 수 없다. 신들의 혼돈상을 신학적 구조 속에서 정리하여, 각각의 구체적인 형상을 유일무이한 최고신의 다양한 화현으로 파악하는 것이야말로 인도 문화현상의 파악에 있어서 그 실마리를 제공하는 것이다. 우선 심오한 상징언어와 그 속에 숨겨져 있는 전설의 파악을 통해 죽어 있는 자료를 삶의 한마당으로 이끌어내는 것이 필요하다. 문화그림과 의미그림은 긴박한 상태 속의 역사적 발전, 문화적 변모, 부계 혹은 모계사회의 사회적 형태, 사회구성체의 모순, 종파 상호간의 갈등을 반영하는 것으로 눈앞에 전개되어야 한다. 우상·상징물·신화, 그리고 전설은 인도인의 종교와 사회제도 및 삶이라는 힌두교의 전체상 속에 모자이크처럼 첨가되어 있는 것이다.

인도인에게 문화그림들은 해탈과 초월적 힘으로의 욕구를 향한 하나의 요청이다. 우리에게 그것들은 수천 년의 삶의 흐름에서 종교가 그 기둥이 되는 다민족국가의 필수불가결한 문화유산으로 반영될 것이다.

살아 있으면서 해방을 얻는다는 것은 인도인의 생활 중에서 최고의 경험으로 여겨지고 있다. 이를 위해 수행자들은 요가나 명상 등 다양한 수행법을 발전시켜 왔다. 본서는 이들 수행자들이 추구하는 정신세계, 훈련과정, 그 현상과 경험, 의학적 연구성과 등을 생생한 그림자료들과 함께 자세히 설명하고 있다.

군달리니KUNDALINI

아지트 무케르지――著
편집부――譯

　군달리니란 인간 개체 안에 내재해 있는 초월적인 힘과 같은 것으로 나선형의 잠재적인 우주에너지를´말한다. 각 개인은 이러한 에너지의 현현이고, 그 개인을 둘러싸고 있는 우주는 다양한 형태로 끊임없이 자신을 드러내 놓는 에너지와 동일한 의식의 결과물이다. 이 군달리니가 깨어나 여러 개의 챠크라(인간 신체의 미세 체내의 척추를 따라 위치해 있는 에너지의 정신적 센터)를 통과하는 과정을 통해 인간은 자신의 진정한 모습, 궁극적으로는 전우주의 신비가 베일을 벗는 것을 깨닫게 된다.
　의식을 확장시키는 경험을 유도하는 데 한 탄트라의 공헌을 언급하지 않고 지나갈 수 없는데, 바로 군달리니-요가Kuṇḍalini-Yoga를 말한다. 산스크리트어로 군달리니라는 단어는 〈감겨진〉을 뜻한다. 감겨진 군달리니는 눈에 보이지 않는 형태로 존재하는 여성에너지로 인간에게뿐만 아니라 우주의 모든 원자에도 존재한다. 개개인의 군달리니 에너지는 개인의 평생을 두고 잠재된 상태로 있거나, 또 군달리니의 존재조차도 의식하지 못하고 지내는 경우가 허다하다. 탄트라 수행법인 군달리니-요가의 목적은, 이렇게 잠들어 있는 우주에너지를 일깨워 전우주에 충만해 있는 순수의식인 시바Śiva와 합일을 이루게 하는 것이다.
　군달리니 샥티, 또는 〈감겨진 여성에너지〉는 광범위한 잠재력을 가지고 있는 정신에너지로서 신체를 가장 역동적으로 돌게 되는 열의 흐름이다. 군달리니의 상승이 탄트라 수행의 고유한 특징은 아니지만 모든 요가 수행법의 기본이 되고 있으며, 모든 순수한 정신적인 체험은 상승된 신체 핵에너지가 한껏 피어난 것으로 생각할 수 있다. 심지어는 음악과 춤도 군달리니의 잠자고 있는 힘을 깨워 더 높은 단계로 상승시켜 감겨진 부분이 하나도 없이 풀리게 하여, 우리의 의식적인 인식이 내부의 군달리니의 존재를 깨닫게 할 수 있게 한다.

인도의 종교미술, 다시말해 의례미술은 매우 깊은 역사적인 뿌리를 가지고 있다. 그리고 무엇보다도 그것은 살아 있는 전통이다. 그 밑바닥에는 하나의 통일된 목표가 있다. 그것은 바로 우주와의 일체를 인식하기 위한 조화와 전체성의 탐색이다.

인도종교미술

아지트 무케르지⋯⋯⋯著
편집부⋯⋯⋯⋯⋯⋯⋯譯

　종교미술이란 영혼의 진정한 모습을 찾으려는, 또 우주와 하나됨을 깨달을 수 있는 상태로 나아가는 수단 또는 길이다. 이러한 깨달음은 자신의 외부에 있는 어떤 것을 추구하는 것과는 다르다. 그것은 오히려 자아의 내부에서 발견되는 일종의 환영이다. 갖가지 모습을 하고 있는 세계에 숨겨져 있는 통일성은, 모든 생명과 인간의 관계 속에서 명료한 것이든 아니든 상관 없이 발견된다. 숭배의례는 인간의 존재 안에 있는 각각의 원자와, 또 모든 원자들과 접촉하는 통로이다. 그래서 숭배의례를 통해 자아의 완전한 합일이 이루어진다. 의례를 통해 아무리 존재가 미미하고 시덥지 않다든가, 또는 광대하고 이해 불가능한 것이라할지라도 언제나 움직이고 있는 세계, 즉 자가트Jagat에 살고 있는 인간의 삶에 중요하지 않은 것은 없다는 것을 깨닫게 된다.
　전통적으로 인도의 종교미술은 생명의 원리와 자아가 점차적으로 합일하게 되는 사드하나Sādhanā를 공유하는 한 가지 방법으로 쓰인다. 서양의 종교미술이 이미 제도적으로 완비된 형태를 묘사하고 있는 반면에, 인도의 종교미술은 매일 접하는 것이지만, 보편적인 것과의 합일 그리고 전체를 관망할 수 있는 의식의 확장을 꾀하고 있다.
　미술품들은 종교적인 또는 의례적인 고유성을 가지고 있다. 신들의 비위를 맞추고 기원하는 의례나 불경스런 힘을 몰아내는, 또는 통과의례 혹은 죽음과 환생의 반복에 종지부를 찍는 의례이든간에 종교의례는 하나의 중심점이 되며 에너지를 집적한다. 주문을 외우는 것에 이어서 의례적인 동작을 취하게 되고, 의례적인 동작을 취한 데서부터 물건과 용구 들이 봉헌물로 쓰여진다. 어떤 동작의 형태나 제구의 배치 등으로 의례의 미적인 면이 훨씬 돋보이게 된다. 성스러운 공간에는 사원과 얀트라Yantra가 있어야 한다. 사원과 얀트라는 성스러운 힘을 나타내는 추상적인 상징, 또는 상像이며 핵심이다.

東文選 文藝新書 85

禮의 精神

柳 肅 지음
洪 憙 옮김

　이 책에서 다루고 있는 〈예〉는, 현재 의미상의 문명적인 예의뿐만 아니라 사회의 도덕가치·민족정신·예술심리·풍속습관 등 여러 방면에 이르는 극히 넓은 문화적 범주를 뜻한다.
　〈예〉는 인류 문명의 자랑할 만한 많은 것들을 창조하였지만, 동시에 후인들로 하여금 지금까지 내던져 버리기 어려운 보따리를 짊어지게 하였다고 전제하고, 어떻게 하면 이 둘 사이에서 적합한 문명 발전의 길을 찾느냐를 모색하고 있다.
　정신문화상으로는 동양의 오랜 문명과 예의를 가지며, 물질문화상으로는 서양의 선진국가를 초월하여 동서양 문화의 성공적인 결합을 이루고자 함에 있어 그 정신을 다시 한번 되짚는다.
　또한 이 책은 〈예〉라는 한 각도에서 그 문화적인 심층구조와 겉으로 드러난 형태 사이의 관계를 논술하면서 통치자인 군주의 도덕윤리적 수양을 비롯하여, 일반 평민의 가족관계를 유지하고 사회의 안정을 유지하는 기초적인 조건에 이르기까지 저마다 자각하고 준수해야 할 도덕규범을 민족정신과 문화현상을 통해 비교분석하고 있다.

　【주요 내용】禮의 기원과 작용 / 예의 제도와 禮樂의 교화 / 예와 중국의 민족정신 / 예악과 중국의 정치 / 국가와 가정 / 예의 권위 / 체제와 직능 / 윤리화된 철학 / 조상 숭배와 천명사상 / 儒學의 연원 / 예의 반란 / 종교감정과 현실이성 / 신화와 전통 / 士官의 문화와 巫祝의 문화 / 美와 善의 합일 / 詩教와 樂教 / 예의 형상 표현 / 정치윤리 / 집단주의 / 여성의 예교와 여성의 정치 / 예의의 나라 / 윤리강령의 통속화 / 가족과 정치 / 예악의 문화 분위기 / 민족정신의 확대 / 정치적 곤경

東文選 文藝新書 125

중국은사문화

馬 華·陳正宏 지음
姜炅範·千賢耕 옮김

중국에는 이 세상에서 은사가 가장 많았고, 그 은사들의 생활은 〈숨김(隱)〉으로 인해 더욱 신비스럽게 되었다. 이 책은 은사계층의 형성에서부터 은사문화의 특징에 이르기까지 구체적이고 생동감 넘치는 수많은 사례를 인용하였으며, 은사의 성격과 기호·식사·의복·주거·혼인·교유·예술활동 등을 다각도로 보여 준다. 또한 각양각색의 다양한 은사들, 즉 부귀공명을 깔보았던 〈世襲隱士〉, 험한 세상 일은 겪지 않고 홀로 수양한 〈逸民〉, 부침이 심한 벼슬살이에서 용감하게 물러난 조정의 신하, 황제의 곡식을 먹느니 차라리 굶어죽기를 원했던 〈居士〉, 入朝하여 정치에 참여했던 〈산 속의 재상〉, 총애를 받고 권력을 휘두른 〈處士〉, 그리고 기꺼이 은거했던 황족이나 귀족 등 다양한 은사들의 다양한 은거생활과 운명에 대해 서술하였다. 그들 중에는 혼자서 은거한 〈獨隱〉도 있으며, 형제간이나 부부·부자나 모자 등 둘이서 은거한 〈對隱〉도 있으며, 셋이나 다섯이서 시모임(詩社)이나 글모임(文社)을 이루어 함께 은거하는 경우도 있었다. 그들은 대부분 산 속 동굴에 숨어 살거나, 시골 오두막에 깃들거나, 산에서 들짐승과 함께 평화롭게 살거나, 혹은 시체 구더기와 한방에서 산 사람도 있었다. 이들은 소박한 차와 식사를 했지만 정신만은 부유하여, 혹 산수시화에 마음을 두고 스스로 즐기거나 物外의 경지로 뛰어넘어 한가롭고 깨끗하게 지냈으며, 심지어는 마음이 맑고 욕심이 적어 평생 아내를 맞이하지 않기도 하였다. 이 책은 은사생활의 모든 면을 보여 주는 동시에, 중국 고대 사회에서 은사들이 점했던 특수한 지위와 중국 문화에 은사 문화가 미친 영향 등에 대해 깊이 있는 연구를 진행하였다. 풍부하고 생생한 내용에 재미있는 일화도 있지만, 깊이 있는 견해 또한 적지않다. 중국 문화의 심층을 이해하는 데 상당한 도움을 줄 것이다.

東文選 文藝新書 74

본국검(本國劍)

海帆 金光錫 著

조선 검법의 이론과 실기의 교과서

　본서는 무예의 기본 원리인 〈안법眼法〉·〈수법手法〉·〈신법身法〉·〈보법步法〉은 물론 검법의 기본원리인 〈파법把法〉·〈배수配手〉·〈연법 순서〉·〈격자격세법擊刺格洗法〉·〈육로도법六路刀法〉을 상세히 공개한 국내 최초의 무예서이다.

　또한 〈본국검本國劍〉·〈예도銳刀〉·〈쌍수도雙手刀〉·〈제독검提督劍〉·〈쌍검雙劍〉·〈월도月刀〉·〈협도挾刀〉등의 실기를 동작그림으로 도해하고 있는 바, 《무예도보통지》에 따른 검법劍法과 도법刀法의 이론을 겸한 실기도해實技圖解라는 점에서는 최초의 시도라 할 만하다.

　부록에는 〈내장內壯 외용外勇〉·〈무언武諺〉과 참고자료로서 《무예제보武藝諸譜》의 〈검보劍譜〉, 《무비지武備志》의 〈조선세법朝鮮勢法〉및 《무예도보통지》의 각 〈검법〉의 원보를 그대로 실었다.

　〈내장 외용〉은, 검법 연습에 기초가 되는 기본공基本功의 훈련을 내장세內壯勢와 외용세外甬勢로 나누어 순서를 잡아 설명한 것이다.

　〈무언〉은 역사적 슬기를 담은 일상생활 속의 속담과 마찬가지로 무예계에 전하고 있는 속어俗語인데, 짧은 어구語句이지만 무예의 기본 정신과 나아가서는 수련의 방법까지를 일러 주는 것이니, 무예인 누구나 가까이 좌우명座右銘으로 삼을 만한 것들이다.

　무예의 연마는 바로 무한한 자기 수양이요, 나아가서 그러한 과정을 거쳐 터득된 무예는 바로 예술이라 할 수 있다.

　기격미技擊美와 기예미技藝美가 조화된 율동미와 자연미, 강인하면서도 유연한 강유상제剛柔相濟의 고매한 묘를 얻게 되어 끝내는 성품을 닦고 덕성을 기르게 되어 인격도야는 물론이요, 민족정신을 배양하는 첩경이다.

東文選 文藝新書 77

권법요결(拳法要訣)

海帆 金光錫 著

우리 무예의 체통을 찾는 이론적 지침서

　본서는 조선 정조의 명으로 편찬된 《무예도보통지武藝圖譜通志》에 실린 18가지 무예, 즉 〈십팔기十八技〉기 중 〈권법拳法〉항목을 해제하였다.
　흔히 중국무술로 오인받고 있는 〈십팔기〉는 조선 무예의 정형으로서 영조 때 사도세자가 섭정할 때 〈본국검本國劍〉·〈월도月刀〉·〈장창長槍〉·〈기창旗槍〉·〈당파鏜鈀〉·〈협도挾刀〉·〈쌍검雙劍〉…… 등 18가지 무예에 붙인 이름으로 나라의 무예로서, 진정한 의미에서의 〈국기國技〉라 할 수 있다. 본서는 그중에서 모든 무예의 기본이 되는 〈권법〉에 대한 이론과 실기를 동작그림과 함께 상세히 설명하고 있다.
　주요 내용으로는 〈삼절법三節法〉·〈심법心法〉·〈안법眼法〉·〈수법手法〉·〈신법身法〉·〈보법步法〉·〈오행五行〉·〈경론勁論〉·〈내공內功〉등에 대한 이론과 수련법이 실려있다.
　특히 〈경론勁論〉에서는 〈경勁과 역력의 차이점〉〈경勁의 분류〉〈점경粘勁〉〈화경化勁〉〈나경拿勁〉〈발경發勁〉〈차경借勁〉을 다루고 있는데, 역력과 경勁의 차이점을 들어 연마와 내적 수련의 힘이 어떤 것인가를 설명하고 있다. 무예인들에게는 더할나위 없이 귀중한 이론들이다.
　또한 조선시대 기인인 북창北窓 정렴鄭磏 선생이 남기신 비결서 〈용호비결龍虎秘訣〉의 수행법 전문을 최초로 공개하여 해설하고 있다.

東文選 文藝新書 115

中國武俠史

陳 山 지음
姜鳳求 옮김

영국의 웰스는《인류의 운명》에서〈대부분의 중국 사람들의 영혼 속에는 한 명의 유가儒家, 한명의 도가道家 그리고 한명의 도적(土匪)이 싸우고 있다〉는 관점을 인용하였다. 문일다聞一多는 웰스가 말한〈도적〉은 중국 무협을 포함하고 있고, 도가는 다만 유가에 대한 보완일 뿐이라고 했다. 근래 어떤 학자는〈묵협정신墨俠精神이 민간문화를 이루어 상층문화 정신과 대립하고 있다〉는 관점을 제시한 바 있다. 현대 작가 심종문沈從文은 민간사회 중에서『유협정신游俠精神이 침윤侵潤되어 과거를 만들었고 미래도 형성하게 될 것이다』라고 했다. 결과적으로 말하면 상·하층문화 중에서 유儒와 俠은 중국 전통문화 정신의 중요한 두 체제인 것이다.

중국에 있어 협俠은 유儒와 마찬가지로 선진先秦시대에 나타나 계속 존재해 오고 있는 오랜 역사를 지닌 사회계층이다. 협俠과 유儒의 문화정신은 일종의〈초월의미超越意味〉를 내포하고 있어 심리적으로 광범위하고도 지속적인 영향을 주며, 중국 문화의 심층구조에 침투해 있다. 중국 지식인의 영혼 속에 부지불식不知不識 중 유儒의 그림자가 숨겨져 있다면, 중국 평민의 마음 깊은 곳에는 협俠의 그림자가 희미하게 반짝이고 있다. 그러므로 중국 역사상의 무협 현상을 연구하는 것은 중국 문화 기초인 민간문화의 뿌리를 깊게 연구하고, 이를 전면적으로 이해하기 위하여 매우 중요한 의미가 있는 일이다.

東文選 文藝新書 149

종교철학의 핵심

W. W. 웨인라이트

김희수 옮김

　신은 과연 존재하는가? 신이 존재한다는 것을 어떻게 설명할 수 있을 것인가? 신이 존재한다면 그 속성은 무엇인가? 신이 최상의 실체이며 완전하고 선한 존재라면, 악이 존재하는 문제는 어떻게 설명하여야만 할 것인가? 신비주의와 종교적 체험 사이에는 어떠한 연관성이 있는가? 신에 의한 계시는 무엇이며, 어떻게 이해하여야 할 것인가?

　웨인라이트의 《종교철학의 핵심》은 이러한 분야에 있어서의 논쟁에 대한 최근의 상황을 반영하고 있다. 또한 종교철학의 전통적인 주제를 총망라하고 있을 뿐만 아니라, 인식론적 주제와 종교다원주의에 대한 토론도 포함하고 있다. 이 책은 궁극적 실체의 본질에 대한 설명과 이 실체가 존재한다는 것에 대한 찬반토론·불멸·종교적 체험·신앙주의, 그리고 반증거주의에 대한 질문에 대하여 심도 있는 고찰을 제시하고 있다. 저자는 전통적인 종교체계를 비교하고 있으며, 또한 이 종교체계에 의한 세계관을 고찰하고 있다.

　독자들은 이 책을 통하여 신의 존재와 속성, 중요한 종교적 쟁점들에 대한 합리적이고 깊이 있는 연구를 접하게 될 것이다. 종교철학을 전문으로 연구하는 학자와 학생, 이 분야에 관심을 가지고 있는 모든 사람들에게 도움을 주는 자료가 될 것으로 확신한다.

東文選 現代新書 60

종교철학

존 H·힉

김희수 옮김

신은 과연 스스로 존재하는 전능자이며 우주 만물의 창조자인가, 아니면 인간들이 최상의 이상을 투시하여 만들어 낸 가상적 존재인가? 신이 실재하는 존재라면 그것을 어떻게 증명할 것인가? 인간을 포함한 자연계는 창조된 것인가, 아니면 인연이나 우연의 산물인가? 종교는 영원히 존재할 것인가, 아니면 과학 문명의 발전과 더불어 사라지고 말 것인가?

본서에서 저자는 종교철학 분야에 있어서 핵심적이고도 중요한 내용들을 총망라하여 다루고 있을 뿐만 아니라, 각각의 주제들에 대해서 아주 명확하고도 알기 쉽게 서술하고 있다. 특히 본서는 그리스도교뿐만 아니라 다른 종교들의 견해들도 다루고 있기 때문에, 독자들이 종교에서 다루고 있는 주제들에 대하여 폭넓은 이해를 할 수 있도록 도와 준다.

본서는 종교철학의 정의, 신의 다양한 속성, 신의 존재에 대한 다양한 증명 방법, 신의 다양한 이름, 악의 문제, 정통 종교들의 배타적인 진리 주장 문제, 제종교의 생성 과정과 지리적·문화적 조건과의 상호 관련성, 영혼의 불멸, 천국 또는 낙원의 존재, 죽은 자의 영혼과의 교통, 업보와 윤회, 환생, 텔레파시 현상 등 다양한 주제들에 대하여 흥미롭게 다루고 있다.